生态系统理论视域下的OBPP译释研究

纪沅坤　著

山东大学出版社
SHANDONG UNIVERSITY PRESS
·济南·

图书在版编目(CIP)数据

生态系统理论视域下的OBPP译释研究/纪沅坤著.
—济南:山东大学出版社,2021.8
ISBN 978-7-5607-7090-1

Ⅰ. ①生… Ⅱ. ①纪… Ⅲ. ①校园—暴力行为—预防—研究 Ⅳ. ①G474

中国版本图书馆CIP数据核字(2021)第144511号

策划编辑 张铭芳
责任编辑 李 港 张铭芳
封面设计 杜 婕

出版发行 山东大学出版社
社 址 山东省济南市山大南路20号
邮政编码 250100
发行热线 (0531)88363008
经 销 新华书店
印 刷 济南华林彩印有限公司
规 格 880毫米×1230毫米 1/32
7.875印张 163千字
版 次 2021年8月第1版
印 次 2021年8月第1次印刷
定 价 49.00元

序

近年来，校园欺凌事件越来越多，已严重损害未成年人的身心健康，并引起了全社会的高度关注。为保护未成年人身心健康，保障未成年人合法权益，促进未成年人德智体美劳全面发展，培养有理想、有文化、有道德、有纪律的社会主义事业建设者和接班人，2016 年国务院教育督导委员会办公室专门下发《关于开展校园欺凌专项治理的通知》，旨在严肃校规校纪，建设和谐校园。2020 年 10 月 17 日，第十三届全国人民代表大会常务委员会第二十二次会议通过第二次修订的《中华人民共和国未成年人保护法》，于 2021 年 6 月 1 日起施行。修订后的《未成年人保护法》专设“学校保护”一章，其中第三十九条明确规定，学校应当建立学生欺凌防控工作制度，对教职员工、学生开展防治学生欺凌的教育和培训。“网络保护”一章第七十七条明确规定，任何组织或者个人不得通过网络以文字、图片、音视频等形式，对未成年人实施侮辱、诽谤、威胁或者恶意损害形象等网络欺凌行为。这是长期遭遇校园欺凌和网络欺凌的受害者的福音，亦为被欺凌者的监护人提供了强有力的法律武器，更对欺凌者的家长和教师提出了欺凌防控不可或缺的要求。不可否认，党和国家高度重视校园欺凌防控，相关部门也探索出了诸多可推广、可操作的典型经验与治理模式，但高质量、系统性、深度化的理论研究仍显滞后。2021 年 5 月，我欣喜地看到了纪沅坤博士的校园欺凌防治著作。认真阅读后掩卷沉思，深感沅坤博士多年来深耕于校园欺凌研究领域，在经过潜心耕耘之后，终于迎来了开花结果。作为她就读博士时参与的“问题青少年教育矫正管理”项目的学科带头人，我为此衷心地祝贺此著在《中华人民共和国未成年人保护法》(2020 年修订)实施之际出版。沅坤博士视野开阔、学风扎实、治学严谨，从中学时代到博士时期，先后在奥地利、瑞典、英国、美国等国留学或访学，获得了大量第一手鲜活的世界各国校园欺凌资料。她选择校园欺凌作为研究主题，既有实证研究又有质的分析，坚持历史与逻辑相统一的研究理念，几易其稿。由她完成的这部校园欺凌著作，值得同行一阅。

校园欺凌属于故意对他人造成伤害的攻击性行为，多发于青少年群体中。无论对于欺凌者还是受欺者，校园欺凌对青少年的成长均可能造成长期的消极影响。因此，探寻积极有效的校园欺凌预防和干预模式有其必要性和迫切性。大量实践证实，基于“全校参与”的综合性欺凌防治模式在应对校园欺凌方面通常更为全面且长效，能够全员、全程、全方位地对校园欺凌问题加以有效干预和预防。奥维斯校园欺凌预防与干预计划(Olweus Bullying Prevention Program，OBPP)是创建时间最早、有效数据最丰富、实施范围最广的综合性校园欺凌防治模式之一。OBPP以生态系统理论为基础，以群体社会化理论与理性行为理论为辅助，从学校、班级、个人、社区多层面同时着手，通过全校、全员、全面参与共同应对欺凌，并在长期的国际推广实践中取得了较为显著的成效。

本书采用文献法、比较研究法以及调查法等研究方法，通过文献剖析、国际比较、模式验证等研究路径对OBPP进行深入分析，为其本土化提供可借鉴的研究数据与理论参考。

首先，本书聚焦当前我国校园欺凌预防与干预中存在的实然问题。目前，我国校园欺凌预防工作虽已有国家政策支持，但操作性较弱。在强调家庭教育与法制教育的同时，缺乏教育内容的规范化、评估体系的标准化以及家庭规范教育与学校法制教育之间的有机联结，使得校园欺凌预防工作难以取得较好效果。在校园欺凌干预方面，政府虽已印发指导意见与治理方案且附有翔实的奖惩办法，但在实施中却对校园欺凌的情节缺乏统一化的判定标准，对欺凌者的干预依赖学校已有校规校纪，对严重欺凌行为的惩治缺乏力度。本书从我国现有校园欺凌防治问题出发，通过分析国外先进校园欺凌防治做法，寻求适合本土的新型校园欺凌防治模式。

其次，本书深度剖析了 OBPP 的理论基础、特征与内容。OBPP基于生态系统理论创立，将学校视为一个生态系统，将欺凌视为学校整体氛围出现缺陷引发的问题，是以“全校、全员、全面”为宗旨，通过发动学校管理者、教师、家长、学生等多方合作达到校园欺凌的有效预防与干预的综合性校园欺凌防治模式。

再次，本书运用 CITESPACE 软件作为文献计量工具，对校园欺凌研究的英文文献进行可视化分析，得出结论：21 世纪以来，在校园欺凌领域学术成果发表量最高的研究机构为伊利诺伊大学，发文量最多的研究学者为伊利诺伊大学的埃斯皮维奇(Dorothy Espelage)教授。由此可以推断出在校园欺凌研究中，伊利诺伊大学的研究成果较好地展现了当代国外校园欺凌领域的研究趋势。不仅如此，作为美国第一个建立少年法院(1899)的州，伊利诺伊州少年司法体系完善度高，其反欺凌相关法案在美国各州中评级为 A 级。更重要的是，其反欺凌法案着重提到校警联合的重要性，与中国提出的校检联合有异曲同工之妙。因此，本书选取伊利诺伊州首府中学为校园欺凌预防与干预研究基地，开展 OBPP 验证。在研究中，为适应美国学校与社区的紧密联结，将 OBPP 实施措施从原有的学校、班级、个人层面拓展到学校、班级、个人、社区层面，以突出家长、社区以及校警联合在校园欺凌防治中的积极作用。研究结果显示，实施 OBPP 后，试验学校受欺率、欺凌率均大幅下降，学校教职工与学生给予 OBPP 一致好评。

最后，本书对 OBPP 在加拿大、英国、比利时、南非、中国香港的实施数据展开分析，总结经验，反思问题。对 OBPP 国际经验的探析展现了该模式在不同地区、不同文化、不同社会制度、不同经济状况、不同教育体制、不同民族种族背景下的积极实施效果，证实其是具有国际推广经验与实践价值的校园欺凌防治模式，为探求适宜中国的校园欺凌防治模式提供国际视野，为 OBPP 本土化改良铺平道路。

苏春景*

2021 年 7 月 9 日

* 苏春景，烟台理工学院副校长，鲁东大学博士生导师、二级教授，享受国务院政府特殊津贴专家，中国预防青少年犯罪研究会常务理事、山东省预防青少年犯罪研究会副会长。

目录

第一章 绪 论

一、校园欺凌研究缘由

欺凌属于攻击性行为，其目的是伤害、操纵以及控制他人。挪威欺凌研究专家丹·奥维斯(Dan Olweus)教授于 1999 年较完整地定义了欺凌的三个重要特征，即行为的重复性、意图的伤害性和力量的非衡性。因此，可以将欺凌理解为青少年间非正常的、以伤害为意图的攻击性互动方式，是在体力或心理上处于强势的个体在较长时间内，反复多次地对处于弱势而无法有效反击或自卫的受害者实施的攻击性行为。

虽然“欺凌”的定义在 20 世纪 90 年代才得以完善，但欺凌现象的存在却远远早于这一时期。20 世纪 60 年代即有学者发现在中学生中存在“中学难题”，即部分中学女生将“受欢迎”作为“最高目标”，并愿意通过操纵与控制他人(欺凌)来实现这一目标。甚至有学者断言，有学校的地方就存在欺凌。但是，直到20世纪70年代末，校园欺凌对青少年造成的危害才逐渐引起关注。1983年，三位正值青春期的挪威男孩由于无法忍受长期的同伴欺凌而自杀，这起悲剧性事件引发挪威全国范围内的反校园欺凌运动。在此背景下，奥维斯教授提出奥维斯校园欺凌预防与干预计划（Olweus Bullying Prevention Program，OBPP）。经过近40年的发展，OBPP 在不同国家与地区试验推广，取得显著成效，为中国校园欺凌防治提供了重要的启示与借鉴。本书聚焦于 OBPP 本土化的可能性与现实性，通过相关理论的探索与实证研究，运用 OBPP 的成熟经验丰富我国当前的校园欺凌研究。

本书对校园欺凌防治的探究，主要基于以下三个方面的思考。

（一）中国校园欺凌问题频发的严峻形势

近年来，越来越多的校园欺凌事件进入大众视线。福建省永泰县初三学生小鸿个子矮小，由于父母长期在外打工，平时住在学校宿舍。2015年6月8日晚，小鸿下晚自习回到宿舍后，同班的三名男生冲进其宿舍，在没有缘由的情况下对小鸿进行殴打，直至将其打趴在地，同宿舍的舍友未敢上前拦阻。事后，小鸿与舍友没有向教师报告此事。6月9日，小鸿在参加中考时，由于严重腹痛，无法完成考试。监考教师发现后将其送往医院检查，确诊其脾脏破裂，必须立即实施手术将脾脏摘除。据小鸿描述，此次对其进行殴打的三位男生从小学五年级就开始无故对其实施殴打，还威胁不准报告家长或教师。该欺凌事件发生后，实施欺凌的三名学生没有受到任何处分。小鸿的经历只是众多校园欺凌事件中的一例。2017 年 11 月 10 日，中央电视台对“校园欺凌”现象进行了专题报道。近年来，在网络曝光的校园欺凌事件中，校园欺凌的行为恶性程度逐渐加重，“语言辱骂、扇耳光、脚踢”等恶性攻击性行为成为主要的欺凌形式。在欺凌事件中，“将受害人打倒在地”的占 25.45%，“致受害者出血甚至昏迷”的比例为1.82%。而在欺凌事件的处理中，教师“只批评了事，或者根本不管”的比例却超过半数，高达 55.36%。在对欺凌发生率的调查中，有学者统计发现，在我国中小学学生中，经常实施欺凌的学生占 10%左右，而最少遭受过一次欺凌的学生数量超过总数的一半，甚至达到四分之三。由此可见，校园欺凌问题日益严峻，大众对欺凌的关注度逐渐提高。在此背景下，对卓有成效的校园欺凌防治模式的研究迫在眉睫，亦是本书的重点内容。

（二）中国校园欺凌预防存在的问题

2015 年后，随着媒体的曝光与大众的关注，校园欺凌的严重危害已经引起广泛关注，中国学界对欺凌的研究随之迅猛增加。2016 年至 2018 年，中国政府多次印发针对校园欺凌问题的专项治理意见与防治指导方案。在法制教育方面,《国务院教育督导委员会办公室关于开展校园欺凌专项治理的通知》(国教督办函〔2016〕22 号)简明地提出要加强法制教育,但对法制教育实施主体、实施频次、实施标准、考核评估并未有详细规定。① 在家庭教育方面,《教育部等九部门关于防治中小学生欺凌和暴力的指导意见》(教基〔2016〕6 号)提到,作为监护人,管教孩子是家长的法定职责,但对家庭教育的内容指导未作翔实规定。② 因此,就校园欺凌预防而言,我国政府虽然已充分认识到相关工作的重要性,但在家庭教育和法制教育的具体实施中欠缺必要的指导和监管。在家庭教育、法制教育、学校教育的内在联系、外在配合上缺乏具体指导。在现实生活中,笔者与学校管理人员、教师、家长以及公安干警的沟通中了解到,"教什么""怎么教"是他们经常困惑的问题。在实际操作中,学校虽聘任了法制副校长,但对其职责与职能的界定较为模糊。由于法制副校长通常身兼数职,实际在校普法时间少之又少,部分学校只在出现校园欺凌恶性案件时才匆忙找到法制副校长给学生补上法制课,然而已是亡羊补牢,起不到很好的预防效果。虽然教育部等部委多次强调家校配合预防校园欺凌的重要性,但在欺凌高发

① 参见《国务院教育督导委员会办公室关于开展校园欺凌专项治理的通知》,2016 年 5 月 9 日,http://www.moe.gov.cn/srcsite/A11/moe_1789/201605/t20160509_242576.html。

② 参见《教育部等九部门关于防治中小学生欺凌和暴力的指导意见》,2016 年 11 月 1 日,http://www.moe.gov.cn/srcsite/A06/s3325/201611/t20161111_288490.html。

的中学阶段，多数学生家长更关注的是学生在校学习的情况，对校园欺凌缺乏足够认识。大部分中学配备的教师资源亦不具备为家长普及专业欺凌知识与应对技巧的能力，这使得家校合作难以深入。由于家长缺乏欺凌知识，在家庭生活中不易辨识欺凌早期预警信号，在学生反映欺凌事件时难以给予恰当、合理的回应。这使得家庭欺凌预防教育成为一张空头支票。在家警合作方面，干警难以深入每个家庭内部了解学生校园欺凌情况，为家长普及法制知识。家长在接到学生的欺凌报告后，亦缺乏专门途径和人员与相关干警取得联络。

总之，我国校园欺凌预防工作在顶层设计与具体实施之间缺失承上启下的中间架构环节。虽然国家政策规定与学者均强调家庭教育与法制教育在欺凌预防中的重要地位，但是在实际操作中，家庭教育的质量难以保证，法制教育的考核缺乏标准。这两者与最为重要的学校教育之间在内容与功能上缺乏有效的联结机制，使得三方联合流于形式，难以深入，导致校园欺凌预防工作难以取得较好效果。在此背景下，将强调“家校区”联合的 OBPP 引入中国内地，并结合本土特点将其拓展为“家校警区”四位一体的全方位校园欺凌防治系统，创建适用本土的欺凌防治模式，具有重要的意义与价值。本书对 OBPP 这一综合性校园欺凌防治模式的理论基础、模式特征以及域外经验进行阐析，希冀将成熟的国外校园欺凌防治模式本土化，创建适应中国国情且行之有效的校园欺凌防治模式。

（三）中国校园欺凌干预存在的问题

在校园欺凌干预方面，2016 年，《国务院教育督导委员会办公室关于开展校园欺凌专项治理的通知》（国教督办函〔2016〕22 号）简明提出，学校对校园欺凌干预要做到严肃校纪、规范行为，并规定学校对校园欺凌要及时发现，及早处理，对已构成违法犯罪的欺凌行为，要及时移送公安机关处理。[①] 教育部教育督导局《加强中小学生欺凌综合治理方案》（教督〔2017〕10 号）规定，对欺凌行为情节较轻的初犯者，学校应进行批评教育，并要求欺凌者向受欺者当面道歉或递交书面致歉书。欺凌行为情节较轻但累犯者，可酌情给予纪律处分。对情节较为恶劣、对受欺者造成严重身体或心理伤害者，学校在开展批评教育的同时，还可以要求公安机关开展警示教育，从而对欺凌者起到训诫作用。此外，学校还可以酌情给予欺凌者记过处分，并将此记入其综合素质考评中。对于情节恶劣且屡教屡犯的欺凌者，可以参照《中华人民共和国预防未成年人犯罪法》相关规定，将其转送工读学校学习。对于欺凌行为已涉嫌违法犯罪的欺凌者，应移送公安机关处理。依据欺凌者的不同情况，处理方式包括责令监护人严

① 参见《国务院教育督导委员会办公室关于开展校园欺凌专项治理的通知》，2016 年 5 月 9 日，http://www.moe.gov.cn/srcsite/A11/moe_1789/201605/t20160509_242576.html。

加管教、依法承担行政或刑事责任、进入相应机构开展教育矫治等。[①]

总体而言,《加强中小学生欺凌综合治理方案》对校园欺凌的干预作了较为细致的规定,从情节轻微到情节恶劣、从初犯到累犯的处理都予以翔实描述。然而,《加强中小学生欺凌综合治理方案》在学校执行中存在三个问题。

第一,校园欺凌情节的严重度判断缺乏专业性。大部分普通中学虽配备心理辅导室,但心理辅导的工作主要由校医兼任,即使相关教师能够胜任心理辅导的工作,也依然缺乏对欺凌行为的严重度以及受欺者心理伤害程度作出及时准确判断的技术支撑。而中学的法制副校长多由公检法人员兼任,其多从是否违法的角度看待欺凌行为。而多数高发的欺凌形式,如言语欺凌,并未涉嫌违反法律。因此,专业欺凌知识与科学衡量标准的欠缺,使得处理欺凌事件过程中的第一步——定性缺乏专业性。

第二,对欺凌者与受欺者的处理方式缺乏科学性。从《加强中小学生欺凌综合治理方案》规定来看,对校园欺凌行为的干预主要依靠学校现有的惩戒体系,处理办法仍比较陈旧,以口头批评、书面检讨为主要处罚形式。但校园欺凌不同于破坏公物或违反校规类违纪行为,其本质为不良的社交互动方式。校园欺

① 参见教育部教育督导局:《加强中小学生欺凌综合治理方案》,2017年12月27日,http://www.moe.gov.cn/jyb_xwfb/xw_fbh/ moe_2069/xwfbh_2017n/xwfb_20171227/sfcl/201712/t20171227_322963.html。

凌的发生不单单限于欺凌者与受欺者，还涉及同伴影响、旁观者态度、家庭观念、教师管理等多个方面，是学生所处环境整体问题的体现。因此，仅以欺凌行为表征来核定处罚方式与力度，未免过于片面。此外，单方面从欺凌者角度出发的干预措施，没有全面顾及受欺者的感受以及欺凌者与受欺者之间深层次的矛盾。欺凌作为人际互动问题，其重要特征即为欺凌者与受欺者的力量非衡性。在欺凌事件中，受欺者处于明显弱势、无力反抗的地位，因此，欺凌事件的处理应以处罚欺凌者、帮扶受欺者为根本。多数学校在校规中并未设置针对性的处罚措施。采取通用的惩治措施，可能出现书面道歉流于形式、当面道歉缺乏指导的问题，最终造成对受欺者的二次伤害。故此，校园欺凌防治应结合欺凌者与受欺者双方的立场，采取不同的干预措施，最终目的是让欺凌者与受欺者能够和谐共处于学校环境中。

第三，对于情节恶劣且屡教屡犯的欺凌者，《加强中小学生欺凌综合治理方案》规定可转至工读学校就读。对此，《中华人民共和国预防未成年人犯罪法》第四章第三十五条规定，对存在严重不良行为的未成年人，监护人应与学校相互配合，对其进行严厉管教，也可以选择送其进入工读学校学习。进入工读学校学习之前，未成年人监护人需提交申请，经教育部门批准方可入学。由此条款规定可知，进入工读学校学习并非强制性管教手段，而是未成年人及其监护人自主自愿选择的结果。处于义务教育阶段的欺凌者，学校不得强制要求其转入工读学校。此外，工读学校的数量有限，以山东省为例，省内并无工读学校可供就读。因此，当欺凌者出现欺凌行为情节严重且屡教屡犯的情况时，如果未成年人及其监护人不选择去工读学校学习，那么《加强中小学生欺凌综合治理方案》规定的措施均难以对欺凌行为开展有效干预。

总之，在校园欺凌干预方面，虽然《加强中小学生欺凌综合治理方案》包含了翔实的干预措施，但是此类措施过于依附学校原有的校规校纪，缺乏针对性。因此，对校园欺凌的有效干预还需要引入专门的、以校园欺凌防治为首要目的的校园欺凌防治模式。具有丰富实践经验与有效数据的 OBPP 即从学校层面实施的综合性校园欺凌防治模式。将 OBPP 引入中国内地，有利于在学校层面进行中观把控，对校园欺凌性质进行专业判断，对校园欺凌后果进行科学处置，更加有效地达到干预校园欺凌的目的。

综上所述，在校园欺凌预防方面，我国目前在国家政策上虽有明确提及，但指导意见与实际运行存在衔接缺位情况，导致顶层设计无法很好地落实到基础建设中。在校园欺凌干预方面，我国在政策上给予细节化的指导，但缺乏学校中观层面的整体把控，在实行中难以全面开展。因此，将我国校园欺凌的预防与干预现状结合来看，实则是缺少一个上呈下达的指导模式，将国家的校园欺凌防治理论更加科学、贴切地落实于学生的学习生活中，以保障校园欺凌防治的顺利、有效开展。故而，笔者将在国际运行中具备近 40 年有效记录的学校层面的综合性校园欺凌防治模式——OBPP 引入中国内地，希冀创建适应我国内地现实问题且行之有效的校园欺凌预防与干预新模式。

二、校园欺凌防治意义

笔者对国外校园欺凌预防与干预研究进行梳理，然后与国内相关研究进行对比，发现国内研究在深度与广度上仍有不足。因此，本书以全面改善校园氛围为目的，以“全员、全面、全校”为宗旨对校园欺凌综合防治模式进行深度剖析，希冀深化我国在此方面的研究。此外，本书对 OBPP 进行深度解读，分析该模式与中国校园欺凌问题的适切性以及引入中国内地的可行性。

（一）深化校园欺凌预防与干预的理论研究

校园欺凌的研究始于 20 世纪 60 年代末，而我国在该领域的规模化理论研究肇始于 21 世纪初，并在 2015 年进入研究高峰期。笔者在中国知网以“校园欺凌”为主要关键词进行文献检索发现，2000～2020 年共发表校园欺凌相关文献 1775 篇，其中有 1583 篇发表于 2014 年以后。由知网相关数据可知，中国对校园欺凌体系化的研究大致开始于 2010 年，学界对校园欺凌真正开始关注是在 2014 年以后。在英文文献权威网站 Web of Science 上以“校园欺凌”为主题搜检，共检索到发表于 2000～2019

年的相关文献6794篇，是中国相关文献发表量的6倍。校园欺凌理论研究文献发表量是该领域的理论架构与研究趋势的直接反映。由此而言，中国校园欺凌的理论研究仍需丰富与完善。针对这一研究现状，本书立足于中国校园欺凌预防与干预的现状及问题，借鉴OBPP较为成熟的校园欺凌防治模式框架，以必要的理论基础与严谨的实证研究为依据，推进中国校园欺凌问题的有效预防与干预研究。

（二）更新OBPP本土化解读的研究谱系

笔者在对OBPP理论研究进行梳理时发现，我国学者对这一防治模式的理解仍停留在"挪威欺凌防治计划"上。然而，OBPP在世界范围内试行近40年，有大规模有效性数据支撑其作为研究手段，在不同国情、不同社会制度、不同教育体制、不同课程安排的国家或地区开展试验，与当地特点有机融合，完成校园欺凌防治的目标。OBPP在国际推广与实践中不断丰富、发展与更新。本书充分借鉴OBPP最新的理论体系与实践策略，希冀为国内研究提供更加全面立体、具有时效性的OBPP理念体系、模式特征、效果数据，充实与完善国内校园欺凌防治的理论研究体系。

（三）推进中国校园欺凌预防与干预的教育行动

《中小学心理健康教育指导纲要（2012年修订）》提出，应提高学生的自我调控意识,加强其适应环境的能力;培养其良好的性格与健全的品格;为存在心理困扰或障碍的学生提供科学、有效的心理辅导咨询,帮助其摆脱困境,学会自我调节,提高心理健康水平。《教育部等九部门关于防治中小学生欺凌和暴力的指导意见》(教基一〔2016〕6 号)指出,校园欺凌防治应关注中小学生思想品德教育,培养良好行为习惯,推行心理危机排查,加强心理健康教育,对学生不良行为进行早期干预。秉持以教育为主、惩罚为辅的思想处理校园欺凌问题,为有需要的受欺者提供心理辅导,对欺凌者实行必要的心理或行为矫正,并对欺凌行为给予恰当惩戒。[①]

针对我国中小学教育的方针政策,本书服务于我国校园欺凌防治的顶层设计,引入具备长期有效实践经验的校园欺凌防治模式——OBPP,以探寻适合我国国情的校园欺凌防治新模式。

三、校园欺凌研究背景

本书主要围绕校园欺凌防治与 OBPP 展开。校园欺凌防治研究主要对校园欺凌的界定、预防与干预法律法规等方面进

① 参见《教育部等九部门关于防治中小学生欺凌和暴力的指导意见》,2016 年 11 月 1 日,http://www.moe.gov.cn/srcsite/A06/s3325/201611/t20161111_288490.html。

从最初的肢体、言语欺凌进一步扩展至社交欺凌。①

学界对“欺凌”较完整的定义出现于20世纪80年代末。英国学者罗兰（Edmond Roland）将“欺凌”定义为：欺凌是一个个体或群体针对另一个体进行的长期的肢体或心理暴力行为，在欺凌发生时受害个体无力对暴力行为进行反击。

奥维斯于1993年再次将“欺凌”定义为一个个体反复被暴露于另一个或多个个体的恶劣行为中。

英国学者史密斯（P. K. Smith）对“欺凌”的定义为：某一个学生遭受欺凌或欺负是指另一个学生对其使用恶劣或令人不悦的语言，或者对其进行踢、打、威胁，将其锁进房间、对其发送言语恶劣的信息或者孤立他。②

后来，美国学者惠特尼（I. Whitney）又与史密斯合作，对奥维斯的早期“欺凌”定义进一步完善，将“欺凌”定义延展为：当一个青少年个体或一组青少年群体对某一青少年个体使用恶劣或令人不悦的语言时，可以认定这一青少年被欺凌或欺负；或者当某一青少年经常被打、被踢、被威胁、被锁进房间、被孤立而无力反击时，也可认定为欺凌。欺凌也指反复恶劣地嘲弄某个青少年。但是两个势力相当的青少年发生争吵不属于欺凌。这一定

① K. Björkqvist, et al., “Bullies and Victims: Their Ego Picture, Idealego Picture and Normative Ego Picture”, *Scandinavian Journal of Psychology*, 23(1), 1982, pp.307-313.

② P. K. Smith, “What Can We Do to Prevent Bullying”, *The Therapist*, Summer, 1994, pp.12-15.

义指出了欺凌的两个基本特征:行为的重复发生性与双方力量的非衡性。①

最终,奥维斯于 1999 年提出欺凌的三个特征:行为的重复性、意图的伤害性以及力量的非衡性。具言之,校园欺凌指故意对他人造成伤害的攻击性行为。该行为在较长时间内持续进行,并且行为的加害人在体力或心理上处于强势,而处于弱势的受害人无法进行有效的反击或自卫。除上述概念中提及的欺凌的三个基本特征外,由于多数欺凌行为属于没有预先挑衅仍然出现的攻击性行为,因此无预兆性也被认为是欺凌的一个隐藏属性。这四个特征成为多数学者辨识校园欺凌行为的主要依据。

21 世纪以来,随着研究的深入,加拿大学者沃克(A. Volk)在奥维斯"校园欺凌"定义的基础上,结合后期实证与理论研究,提出当代"校园欺凌"的定义:"校园欺凌是在力量非衡的情况下,对他人造成伤害的、有目的的攻击性行为。"沃克在新的时代与研究成果下提出的"校园欺凌"概念更加强调行为的目的性、伤害性与力量非衡性,而其实质与奥维斯提出的校园欺凌的三个特征基本一致。② 故而可以认为,在校园欺凌研究中,学者普遍认同奥维斯"校园欺凌"的概念界定。

---

① I. Whitney, et al., "A Survey of the Nature and Extent of Bullying in Junior/Middle and Secondary Schools", *Educational Research*, 35(1), 1993, pp.3-25.

② A. Volk, *Adolescent Bullying in Schools: An Evolutionary Perspective*, MA: Springer International Publishing, 2016.

(二)国际校园欺凌法律法规

根据美国反欺凌官方网站的数据统计,77%的美国学生在学校曾遭受言语欺凌,其中14%的人因此出现抑郁、焦虑甚至自杀倾向。此外,约有20%的学生承认实施过欺凌。有近半数的学生担忧会在学校公厕遭受欺凌或骚扰,相当一部分学生因此出现厌学情绪。由于欺凌的高发性及危害性,诸多欺凌预防与干预措施应运而生,多国出台了反欺凌相关法规,从学校、家庭、个人、社会多个角度防治欺凌。瑞典国家安全与健康委员会于1983年即颁布了反欺凌法规,英国于2003年颁布《防治欺凌保护法案》,澳大利亚于2004年颁布了《防骚扰法案》,爱尔兰2005年颁布了《安全、健康与福利法案》,加拿大于2007年颁布《防骚扰与暴力》第29号条例。根据美国欺凌法案官方网站的数据统计,1999年佐治亚州第一个通过反欺凌法案,2015年3月蒙大拿州最后一个通过。至此,美国全境50州均通过了各自的反欺凌法案。由于各州反欺凌法案颁布的时间和内容略有不同,下文列举联邦层面与伊利诺伊州反欺凌相关法案以资借鉴。

1.联邦反欺凌相关法律

美国联邦法案中虽然没有直接涉及欺凌的条款,但是在《联邦民权法》(*Federal Civil Rights Laws*)第六章中对与"欺凌"有概念重合的"歧视性骚扰"(Discriminatory Harassment)有明确规定:

凡接受联邦资金支持的项目或活动中，不得出现以种族、肤色或原籍为由的歧视行为。

该章第 601 节详细规定：

在美国领土上，不得因种族、肤色或原籍而歧视或将个人排除于接受联邦资金支持的项目或活动之外。

根据此法案规定，接受联邦资助的学校有义务在出现下列骚扰行为（欺凌、嘲弄等）时采取相应的应对措施：

骚扰行为呈现严重性、普遍性及持续性的；

骚扰行为在学校形成恶劣环境，以致干扰或限制学生参与活动、享受学校提供的服务与机会的；

骚扰行为是以学生的种族、肤色、原籍、性别、残疾、信仰为由进行的。

联邦民权法虽没有具体提及“欺凌”概念，但规定针对歧视性骚扰的法规均适用于欺凌。

2.州反欺凌法案法规（以伊利诺伊州为例）

虽然在联邦法案中没有具体涉及欺凌的条款，但是在 1899 年第一个成立少年法院的伊利诺伊州颁布了本州反欺凌及相关法案，其法案完善性在美国官方欺凌网站法案评分中为 A 类。

2001 年，伊利诺伊州颁布第三号公共法案，责令校董事会与“家长—教师”咨询委员会以及其他社区组织协商制定学生纪律守则以处理存在潜在攻击性行为特征（包括欺凌行为）的学生，并规定守则中应当涵盖不良行为发生时通知家长或法定监护人的程序以及以区域资源为基础提供早期干预措施的程序。[①]

该公共法案还规定，通过威胁、胁迫或恐吓的方式阻止学龄儿童进入公立或非公立学校就读或干扰儿童入学将被判处一级轻刑(Class A Misdemeanor)。[②]

伊利诺伊州反欺凌法案的具体法规还包括以下内容。

(1)伊利诺伊州法规第一百零五号教育法案“学生纪律规章及家长—教师咨询委员会”一章规定：

> 特许学校(Charter School)需联系“家长—教师”咨询委员会与校董会共同制定和维护《学生纪律守则》。《学生纪律守则》内容应包括符合本法案规定的学校搜查与欺凌预防的措施。学校负责人应确保在每学年开学后十五日内将《学生纪律守则》发放至每位学生家长或法定监护人处。对于其他地区的转校生，《学生纪律守则》应于该生开课后十五日内送达。校董会应负责向学生宣讲《学生纪律守则》内容。校董会与“家长—教师”咨询委员会必须每年审核《学生纪律守则》内容、《学生纪律守则》贯彻情况以及其他涉及学校、在校教职工与学生安全的事宜。

第一节：在 2016 年 9 月 15 日之后，所有中小学及特许

① Ill. Public Act 92-060, H.B. 646, 2001.

② Ill. Public Act 92-96, S.B.1026, 2001.

学校应参照本法案相关条例以及联邦与州法规对残疾学生纪律的条例制定学生纪律守则。

第二节:"家长—教师"咨询委员会应与当地警方以及校董会联合建立及维护地区与当地警察机关间关于学生犯罪的通报体系。地区可根据本法规相关条例与当地警方建立备忘录,以明确警方在地区事务处理中的权利与义务。

第三节:"家长—教师"咨询委员会应与校车负责人及校董会联合制定及维护校车安全运营流程规章。此规章应包含在《学生纪律守则》之内。

第四节:校董会应与"家长—教师"咨询委员会以及其他社区组织商讨在《学生纪律守则》中加入针对存在潜在攻击性行为(包括无限制的欺凌行为)学生的规章。此规章条款必须包括通知家长或法定监护人以及基于社区与区域资源的早期干预的流程规定。①

(2)伊利诺伊州法规第一百零五号教育法案"学生停课或开除以及学校搜查"一章规定:

第一节:当学生出现严重违纪或违规行为(包括以信息为媒介进行的此类行为),学校不得不将其开除时,在开除学生之前,应首先由校董会或由其指派的听证员通知家长

① 105 Illinois Compiled Statutes §5/10-20.14. Student Discipline Policies; Parent-teacher Advisory Committee.

出席听证会对该生的行为进行商讨。通知需由官方邮箱发出，并注明会议的时间、地点以及目的。校董会或听证员在会议中需阐明开除该生的缘由及开除生效的时间。如果会议由指派听证员参加，则其需要向校董会出示书面证据概要，再由校董会决定处理方案。当校董会决议开除该生时，必须出示开除决议书并阐明将该生移出学习环境如何在最大程度上使学校受益。开除决议书应包括具体开除期限的根据。根据本法案规定，被开除学生可立即转入替代项目(Alternative Program)学习。替代项目不得以被开除为由而拒绝该生入学(该生被判定对替代项目教职工及学生造成威胁的情况除外)。

第二节：当学生出现严重违纪或违规行为不得不采取停课处分时，校董会或经其授权的地区教务长、校长、副校长或学生处处长，依据本节第二十条和第二十五条的规定，可以依法对该生进行停课不超过十日的处分。如学生在校车上出现严重违纪或违规行为，停课处分可以超过十日。

注：停课处分需立即通报该生家长或法定监护人，并附停课处分的详细缘由及其权利说明。校董会应获得通报概要以及停课缘由与期限。当该生父母或监护人提出申请时，校董会或由其指派的听证员需复核停课处分意见。在复核时，该生父母或监护人可以出席校董会或与听证员进行商讨。会议后听证员需向校董会递交会议提及证据概

要,再由校董会决定处理方案。当学生因违反本节第十条而接受停课处分时,校董会需以书面形式公布停课决议并阐明导致停课的具体严重违纪或违规行为。此停课决议中还需说明停课期限的具体根据。当学生停课超过 20 天时可根据本节第二十五条或三十条例规定,立即转入替代项目学习。替代项目不得以停课为由拒绝该生入学(该生被判定对替代项目教职工及学生造成威胁的情况除外)。本节涉及欺凌处罚的包括以下条款。①

第五条:在校负责人执行的纪律干预与处罚条款中,将学生排除学校之外(如停课或开除)是最严厉的。校负责人应最大限度减少使用此类处罚措施的次数与期限,尽量仅在具有正当教育目的时实施。为保障学生不在没有必要的情况下被排除在学校之外,学校负责人应在采取停课、开除等校外处罚措施前首先考虑校内处罚措施。

第十条:除联邦法律或本法案要求外,学校董会不得实行"零容忍"政策(Zero-tolerance Policy),学校管理人员必须在学生出现法案规定的特殊行为时才可对其实施停课或开除处分。

第十五条:三日或三日以下的停课处分只得在学生继续在校会对学校安全造成威胁或破坏其他学生学习机会时

① 105 Illinois Compiled Statutes §5/10-22.6(d-5). Suspension or Expulsion of Pupils.

使用。学生是否对学校安全造成威胁或破坏其他学生学习机会需由校董会或其指派人员就个案情况判定。学校负责人需尽全力解除威胁,减少破坏,以最大限度地缩短该生的停课时长。

第二十条:除本法案特殊规定外,只有当学生继续在校会对其他学生、教职工造成威胁或在本质上干扰、阻止或破坏学校正常运行且其他适宜可行的纪律干预措施无效时,才可对其给予长于三日的停课、开除和因纪律原因转入其他学校的处分。本法案所列情形的事实需由校董会或其指派人员就个案情况判定。本法案所列“其他适宜可行的纪律干预措施”是否确实无效需由学校负责人判定。学校负责人需尽全力解除威胁,减少破坏,以在最大程度上缩短校外处分时长。依据本法案第十条作出停课处分或依据本法案第五条作出开除处分时,需记录是否尝试过其他处分方式以及是否证实其他适宜可行的纪律干预措施确为无效。

第二十五条:学生停课超过四日,学校需向该生提供适宜的辅导。此处规定的“适宜的辅导”需由学校负责人判定。在停课期间需记录是否提供过辅导或者是否确无适宜可行的辅导可以提供。本条下设两款。

第一款:地区可以向被开除的学生推荐适宜可行的辅导方案。

第二款:地区需明确辅助被停课、开除或从替代学校回归的学生返校的相关政策。

第三十条：地区需制定政策以便停课的学生，包括禁止搭乘学校巴士又无法乘坐其他交通工具往返学校的学生有机会补课以获得同等学分。学生家长或法定监护人有义务告知学校负责人，禁止搭乘学校巴士的学生无法乘坐其他交通工具往返学校。

第三节：当有证据显示学生受到停课或开除处分可能与其心理疾患有关时，校董会应邀请公共服务部代表前往咨询。

第一条：地区需尽可能向教师、管理人员、校董会成员、校警及职工提供针对学生开除、涉案的惩治措施，并提供与课堂管理、和谐文化以及成长纪律相关的职业发展培训以协助学校营造积极、健康的校园氛围。

第四节：校董会有权开除学生不超过两学年的时间，判定结果由具体事实而论。当学生被判定携带以下物品中的一种(枪/刀)进入学校、学校组织的活动或晚会、与学校有关的活动或晚会将会被禁止入校至少一年。

第一条：当出现以下情形时，任何学校校董会或地区教务长或校长或副校长或学生处处长经个案事实判定后，可以处分学生停课不超过十日或禁入不超过两学年。

• 学生确认在互联网上明确威胁过学校雇工、学生或其他校内人士。

• 在网上发布威胁时，该网站在校内可以登录，或者在学校学习或工作的人员可以登录。

• 此威胁是基于受害者在学校担任的职务或责任或学生身份而对其人身安全作出的恐吓。

第五节：为保障学校安全与秩序，学校负责人有权检查或搜查学生衣柜、书桌、停车场等学校设施以及存放于此处的个人财物，而无须提前通知、获得学生授权或取得搜查证。就公共政策而言，学生在以上场所无隐私权，其放置于以上场所的财物亦无私人性。学校负责人有权邀请警方协助组织在衣柜、书桌、停车场等学校设施搜查非法药品、武器及其他非法或危险药物或物品。如果此搜查证明学生已经或正在犯法、触犯地方法规、违反学校规章政策，学校负责人将会没收证据并对学生施以处分。此外，学校负责人也可以将证据递交警方。

第六节：停课与开除指校外停课与开除并禁止参加学校活动以及留校察看。

第七节：当学生因任何缘由从任何州的任何私立或公立学校被开除或停课后，学校可以要求学生在此时间段必须进入替代学校项目或替代补习项目才可返校。此规定的前提是学生对替代项目的教职工或学生安全不会构成威胁。

第八节：学校负责人无权建议或鼓励学生因行为或学

习困难而自愿退学。

第九节：学校不得要求学生以缴费或罚金的形式接受纪律处分，但本条不包括学生对丢失、盗窃及破坏财物进行的赔偿。

第十节：本章适用于小学、中学、特许学校、特许地区以及本章第三十四节规定管理的地区。①

(3)伊利诺伊州法规第一百零五号教育法案关于“网络安全教育课程”一章规定：

本章为告知并保护学生不受不当及非法通信与教唆的侵害，并鼓励地区提供关于网络危害与风险的教育(包括但不限于儿童侵害、诈骗及其他危害)。

第一节：在出现由欺骗和不安全通信造成的骚扰、剥削或人身伤害时，本州的法律为消费者与本州居民提供保护。

第二节：儿童可以便捷地在家庭、学校及公共场所使用网络。

第三节：网络是性侵害者及其他犯罪人士与儿童及其他弱势群体建立联系的途径。教育可以有效防止儿童落入网络侵害者、身份犯罪或其他危险中。每所学校实施从幼儿园至十二年级的适龄的网络安全教程。从 2009～2010 学年开始，地区必须在三至十二年级的课程大纲中加入网

① P.A. 99-456，16-9-15.

络安全的内容,每学年至少教授一次。校董会应决定相关内容的教授范围与时长。地区的校董会可以规定在现行的课程中加入适龄的网络安全内容并定期授课。课程设置建议包含以下内容。

• 安全负责地使用社交网站、聊天室、电子邮件、公告板、即时消息及其他网络通信工具。

• 识别、躲避和举报性侵害者针对学生、同学及朋友的网上教唆行为。

• 明确在网络上发送个人信息的风险。

• 识别和躲避在网络上接收到的未经邀请或欺骗性的信息。

• 识别和举报网络骚扰与欺凌。

• 举报网络非法活动与通信。

• 了解书面资料、图片、音乐以及视频的版权。

第四节:伊利诺伊州总检察长办公室有权审阅根据第三节设计的课程大纲。

第五节:州教育委员会应提供可用的关于儿童网络安全的教育资料,也可参考其他州本学科的课程大纲以及由教育专家、儿童心理学家、研究儿童网络安全的科技企业推荐的其他课程。课程内容包括但不限于网络安全通信、隐私保护、网络欺凌、观看不当资料的后果等。州教育委员会需在官方网站上公布此类资源。[①]

(4)伊利诺伊州法规第一百零五号教育法案“预防欺凌”一章规定：

第一节：州委会认可安全文明的校园氛围是学生学习和成功的必要条件，欺凌对学生人身、心理和情感造成伤害并且干扰学生学习，降低其参与学生活动的能力。州委会进一步判定欺凌与其他形式的反社会行为息息相关，如蓄意破坏、盗窃、旷课、辍学、打架、吸毒、酗酒、性骚扰以及性暴力。鉴于与校园欺凌相关的消极后果，州委会决议地区、特许学校、非公立非宗教的中小学应教导学生、家长、教职人员哪类行为属于被禁止的欺凌行为。

第二节：禁止在所有地区、特许学校、非公立非宗教的中小学以种族、肤色、宗教、性别、原籍、血统、年龄、婚姻状况、身体或精神残疾、军籍、性取向、性别身份或表征、不光荣退役，以及与上述个人或群体有关联或其他显著特征为由实施欺凌。在下列情景中，禁止对任何学生实施欺凌行为：

• 学校组织的教育项目或活动。

• 学校、学校资产、校车、校车指定公交车停车点、学校

① 105 Illinois Compiled Statutes § 5/27-13.3. Internet Safety Education Curriculum.

资助或学校批准的晚会或活动上。

• 在学校电脑、学校网络或其他学校电子设备中传输的信息上。

• 在与学校无关的地点、活动、集会、项目中或者在非地区所属、所租、所使用的电子设备传输的信息中。

注：第一，在以上情形中实施欺凌且欺凌行为对教学进程或学校有序运行产生了实质性的破坏，学校有权实行处分。

第二，本条款只适用于学校管理人员或教师接到通过此方式实施欺凌的举报且不需要地区或学校派员监控任何与学校无关的活动、集会或项目的情形。

第三节：本章任何条款无意侵犯美国宪法第一修正案保护的言论自由与宗教自由。

第四节：本章中“欺凌”行为（包含“电信欺凌”），指针对一个或多个学生进行的，性质一般或恶劣的，以人身行为或言论表现（包括书面或网络通信）为形式的，导致或将会导致以下一种或多种情况的行为：

• 使一个或多个学生有理由恐惧自身人身或财产受到伤害。

• 对一个或多个学生的身体或心理健康造成实质性的有害影响。

• 实质性地影响一个或多个学生的学习成绩。

• 实质性地干扰一个或多个学生参与学校活动并影响其享受学校提供的活动或服务。

注：第一，以上涉及的欺凌形式包括但不限于以下一种或多种——骚扰、威胁、恐吓、跟踪、肢体暴力、性骚扰、性暴力、偷盗、公开侮辱、破坏财物、对未被证实的欺凌行为进行报复等。第二，电信欺凌指通过科技或电子通信技术进行的欺凌行为……电信欺凌的内容包括盗用他人身份创建网页、博客或伪装他人发布内容、信息并导致本章所列举的欺凌行为。电信欺凌还包括将本章所列举的欺凌行为通过电子通信的方式向多人传达，或者发布在可供多人登录的电子媒介上。①

(5)伊利诺伊州法规第一百零五号教育法案“欺凌防治政策”一章规定：

第一节：欺凌防治政策指符合下列指标的政策。

第一条：政策包含本章提供的“欺凌”定义。

第二条：政策声明欺凌违反州法规以及地区、特许学校、非公立非宗教中小学校政策。

第三条：政策包含欺凌快速举报程序，包含但不限于提供相关教职人员的学校邮件地址（如适用）、学校办公室电话及匿名举报程序，但这并不等同于可以单纯以一个匿名

① 105 Illinois Compiled Statutes § 5/27-23.7. Bullying Prevention.

举报为依据实施正式纪律处分。

第四条：政策与保护学生隐私权的联邦法律与州法律一致，包含当学生涉及欺凌事件时，快速通知所有涉事学生家长或监护人的程序。在必要时，提供社工服务、咨询，在校心理咨询以及其他干预及矫正措施。

第五条：政策明确快速调查及处理欺凌举报的程序，包括：

• 在收到欺凌举报后十个校历日内作出一切合理努力完成调查工作，并将调查过程中发现的相关信息纳入考量。

• 将学校中具有预防欺凌相关知识、经验的教职员工纳入调查。

• 在接到欺凌举报后的最短时间内通知到校长、学校管理人员或指定负责人。

• 与保护学生隐私权的联邦法律与州法律一致，为被调查的学生家长或监护人提供调查情况并给予其机会与校长、学校管理人员或指定负责人会面讨论调查情况、调查结果以及针对本举报已采取的应对措施。

注：第一节政策涵盖的欺凌干预措施，包括但不限于在校社工服务，矫正措施，社会情况构建、咨询，在校心理咨询以及以社区为基础的服务。

第二节：政策声明禁止报复欺凌举报者并明示出现报复行为的后果及后期补救措施。

第三节:政策涵盖以误报他人欺凌为手段的欺凌行为及其后果与补救措施。

第四节:政策的建立应基于学校重要决策者(包括学生)以及家长或监护人的参与。

第五节:政策应发布在地区、特许学校、非公立非宗教中小学校已有的学校网站上并写入学生手册。(如适用)与学校其他政策、规定、行为守则一并张贴于校内,并每年向家长、监护人、学生、教职工及新进教职工传达。

第六节:作为检查与重新评估本章政策的一部分,政策应具备评估办法来评估其实施效果。评估的内容包括但不限于——受欺凌频率,学生、教职工、家庭对学校安全的意见;学校欺凌发生区域的判定;出现过哪些欺凌类别;旁观者干预或参与等内容。地区、特许学校、非公立非宗教中小学校可以将其已经采集的数据及信息用于政策评估。政策评估结果必须公布于地区、特许学校、非公立非宗教中小学校的网站上。如没有学校网站,该信息必须提供给学校管理人员、校董会、教职工、家长、监护人及学生。

第七节:政策应与地区、特许学校、非公立非宗教中小学校政策相符。

第一条:"矫正措施"指极端纪律处分(如停课、开除)以外的一系列以校为本的替代措施且适应学校与社区的特殊需求,致力于维护学校安定,有利于保持完整的、积极高效的学习环境，指导学生在学校及社会取得成功需要的个人及人际关系处理技能，致力于建立与重组学生、家庭、学校、社区之间的关系，通过问责制与理解学生行为健康需求间的平衡，降低未来风险发生的可能性，使学生可以留在学校中。

第二条："学校人员"指学校雇佣的，与学校有合同的以及在地区、特许学校、非公立非宗教中小学校的志愿者，包括但不限于学校及地区管理人员、教师、校辅导员、校社工、校咨询师、校护士、食堂职工、保管人、校车司机、校警、校保安。

第八节：每个地区、特许学校、非公立非宗教中小学校应制定、维持及实施一套欺凌政策，该政策需上报州教育委员会。欺凌政策的实施步骤中应包含被举报的欺凌行为是否属于本区域或学校管辖范围内的内容，并应当要求本区域或学校向欺凌受害者提供地区或社区相关服务的信息，如咨询、援助服务及其他项目。每两年，每个地区、特许学校、非公立非宗教中小学校应当检查与重新评估欺凌政策，并进行任何必要及适宜的修改。修改后的政策必须重新上报州教育委员会。州教育委员会对参照本章创立的政策进行监控并为其提供技术支持。

第九节：本章不可被解释为阻止受害者寻求任何其他

民法或刑法救助的依据。[1]

(6)伊利诺伊州法规第一百零五号教育法案“校长应汇报恐吓事件”一章规定：

> 每个教育机构的校长需要及时向当地执法部门通知和汇报其本人了解的或由任何学生、教师、管理教育中心雇佣人员口头或书面举报的恐吓事件，以便纳入州警察署统一犯罪记录系统。[2]

虽然美国联邦法律与宪法中未单独针对欺凌问题设定条款，但制定了应对欺凌及类似问题的总体纲要。截至 2015 年，美国各州均通过了反欺凌的相关法案，从不同角度对校园欺凌的干预与预防建立了翔实的规章与处理流程。除了传统模式的校园欺凌条款外，为应对新兴的电信欺凌，美国多个州（如马里兰州、纽约州、密苏里州）亦进一步在本州的反欺凌条例中加入应对电信骚扰与电信欺凌的内容。伊利诺伊州是全美第一个建立少年法院的州，伊利诺伊州制定的反欺凌相关法案从总体上规定了对学生的处罚力度与处罚程序，从细节上阐述了对传统校园欺凌的应对流程、汇报程序、责任群体，合作治理。不仅如此，对于电信欺凌，相关法案中亦给予明确定义及处理措施。伊利诺伊州的反欺凌相关法案中的反欺凌条例细致严谨，为学校

① P.A. 98-669, 6-26-14; 98-801, 1-1-15; 99-78, 7-20-15.

② 105 Illinois Compiled Statutes § 5/34-84a.1. Principals Shall Report Incidents of Intimidation.

及相关机构处理校园欺凌问题提供了具体方案，具有很强的实践性与指导性，对中国校园欺凌干预与预防政策和措施的制定提供了借鉴。

（三）OBPP 发展综述

在对欺凌现象的长期研究中，奥维斯一直将欺凌行为视为人权问题的一部分。1981 年，奥维斯提议制定反校园欺凌法律，并坚持认为“在学校中感受到安全是每个学生的基本人权，学生不应在欺凌中不断遭受羞辱”。挪威议会基于奥维斯的提议制定了《反欺凌法》。

1983 年，挪威三位正值青春期的男孩自杀，其缘由是不堪长期遭受同伴的欺凌。为回应这起悲剧性事件，挪威教育部开展了全国范围的抵制校园欺凌运动。在这一背景下，奥维斯教授创建了 OBPP。OBPP 基于生态系统理论建立，将学校视为一个生态系统，将欺凌视为因学校整体氛围出现缺陷而引发的问题。因此，OBPP 对欺凌的预防基于学校系统间各部分相互作用来实现。

OBPP 首次付诸实践是从 1983 年到 1985 年的一项历时两年半的纵向研究，试验对象为 2500 名中小学生。该次试验结果显示，实施 OBPP 后，学生受欺率下降 62%～64%，欺凌率下降 33%～52%。该试验首次证实了 OBPP 的有效性，被命名为“卑尔根反欺凌第一项目”（The First Bergen Project against

Bullying)。20 世纪 90 年代后期,奥维斯博士对 OBPP 再次进行扩展,从初始的学校、班级、学生个人三个层面扩展到学校、班级、个人、社区四个层面,拓展后的 OBPP 覆盖的群体更加广泛,有效性更加明显。本书中的研究运用的均为拓展版 OBPP。

(四)OBPP 视域下的校园欺凌研究

1.生态系统理论下的校园欺凌

OBPP 以生态系统理论为基础,将学校视为一个嵌套着的系统,将欺凌视为学校生态系统问题的表征,其防治目标为学校生态环境的整体改善。由此,OBPP 首要的措施即通过在学校层面营造反欺凌的校园氛围来抑制欺凌的发生。生态系统理论明确提出,学校作为社交机构的功能对儿童及青少年的罪错行为及其他问题行为的形成及发展具有重大影响。[①] 学校的良好氛围以及学生对学校的认可度可以推动学生进步,提升学生成就,减少学生发生欺凌等不良行为的可能性。因此,基于生态系统理论的 OBPP 在学校层面的措施旨在将竞争型学校环境转化为合作型学校环境,加强学生与学校之间的联结,削弱欺凌发生的环境因素。具体措施有:对教师进行反欺凌知识的培训,提升教师辨别与处理欺凌的技能,在日常学习生活中融入宽容、责任等社交理念,增强学生的自尊心,减少学生间和师生间的矛盾

---

① U. Bronfenbrenner, "Toward an Experimental Ecology of Human Development", *American Psychologist*, 32(32), 1977, pp.513-531.

冲突等。通过教职工和学生的全员参与，在学校层面开展反欺凌行动，增强反欺凌意识。通过创建和谐校园环境的整体方案来抑制欺凌是 OBPP 生态系统理论的根本体现。

2.群体社会化理论下的校园欺凌

群体社会化理论主要为 OBPP 班级层面的措施提供指导。群体社会化理论认为，班级由同伴群体构成，在群体成员的互动中，群体成员出现趋同倾向，此为群体同化（Within-group Assimilation），群体成员间由于扮演角色的不同出现相异行为，此为群体异化（Within-group Differentiation）。由于群体同化和异化作用，群体成员间会出现攻击性互动行为。攻击性互动行为并非全然不可取，在青少年时期，攻击行为是正常的互动形式之一，社交能力强的青少年在与同伴互动时经常会出现攻击行为。青少年男孩与同伴的攻击性互动行为是建立新关系的一种方式，青少年间的攻击性互动还被用于在同伴群体中建立与维持等级地位。朋友间玩笑式的攻击性互动通常被称为"打闹"，朋友间打闹行为的主要目的是娱乐及加强友谊。打闹时使用的言语及肢体性攻击行为与欺凌的攻击性行为类似，但欺凌作为一种特殊的同伴攻击性互动行为，与打闹行为的明显区别在于其目的是伤害、操纵、控制他人。①

---

① A. D. Pellegrini, et al.,"Affiliative and Aggressive Dimensions of Dominance and Possible Functions during Early Adolescence", *Aggression & Violent Behavior*, 7(1), 2002, pp.21-31.

班级同伴群体成员间多发欺凌行为，其表现形式主要为处于强势地位的儿童或青少年重复对弱势同伴进行恐吓、压榨和迫害。[①] 同伴群体欺凌行为研究显示：如果将同伴攻击性互动行为视为一个延展的区间，那么欺凌行为处于此区间的一极，同伴打闹行为则处于此区间的另一极。当打闹出现伤害性倾向时，普通青少年通常能够有所意识并适时停止。但是当打闹行为没有及时受到制止而继续恶化，以致发展为重复的威胁与恐吓时，此时打闹即转变为欺凌行为（见图 1.1）。[②]

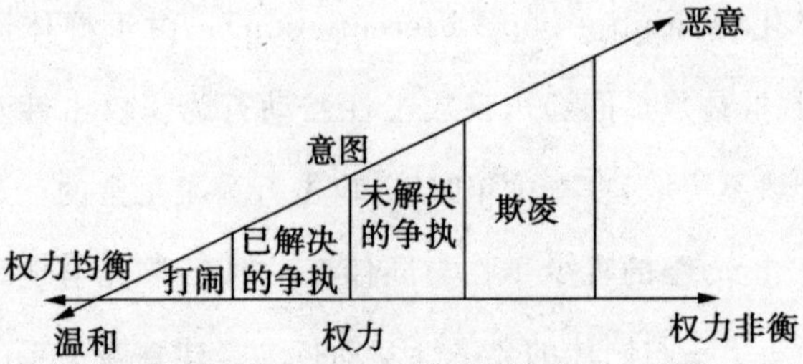

图 1.1　青少年攻击性互动行为区间

同伴攻击性互动区间是 OBPP 通过群体社会化理论在班级同伴群体中解决欺凌问题的重要参考。打闹行为与欺凌行为分别处于同伴攻击性互动行为的两极，其本质皆为攻击性行为。

---

① C. Goodenow, "Classroom Belonging among Early Adolescent Students: Relatioshops to Motivation and Achievement", *Journal of Early Adolescence*, 13(1), 1993, pp.21-43.

② B. Doll, et al., "The Relationship between Children's Self-reported Recess Problems, and Peer Acceptance and Friendships", *Journal of School Psychology*, 41(2), 2003, pp.113-130.

因此，当班级中群体间及群体成员间互动行为的攻击性整体减弱时，欺凌行为的出现概率亦会随之降低。同理，当班级群体间与群体成员间的互动关系主要遵循和谐友好的理念时，班级群体成员的整体攻击性降低，亦可以减少欺凌的发生率。此外，如图 1.1 所示，欺凌的形成源于没有解决的争执恶化，因此当更多的班级成员加入朋友群体时，同伴间的攻击性互动以朋友玩笑打闹的形式解决的可能性得以提高，为争执在发展为欺凌前化解奠定基础。最后，欺凌行为的基本特征之一为权力非衡性，根据在班级群体中地位等级的不同，群体成员处于不同的权力等级。因此，将权力均衡化，引导群体不再将权力欺压作为群体规范、鼓励群体及群体成员间和谐友好共处是 OBPP 减少欺凌的重要举措，具体体现在四个方面。

首先，OBPP 的班级层面措施基于群体社会化理论，其核心思想是通过发挥班级群体中群体同化和群体异化的作用减少欺凌行为。具言之，通过反欺凌规范的渗透，教师引导群体逐渐用平等互助代替权力欺压作为群体规范。当群体中等级较高的成员不再以攻击性行为作为操控或压迫弱势成员的手段、获得群体地位不再需要通过攻击他人时，欺凌即失去意义。当具有攻击性行为的个体不再处于同一群体中，不能再强化彼此的攻击性属性，而是与积极个体组成同伴群体、遵循和谐友爱的群体规范时，其再次实施欺凌的可能性也随之降低。此外，通过角色扮演等方式让学生以主体视角感受受欺者的痛苦，为同伴间攻击性互动行为的降低提供可能，使攻击性互动行为难以转化为欺凌。

其次，OBPP 在班级层面运用群体社会化理论应对欺凌问题还体现在其“结伴而行”的干预措施上。研究显示，一个普通班级中约有 4%的学生缺乏朋友。这一小部分被孤立的学生个体是欺凌和受欺凌高风险群体。此类学生中的一部分因频繁实施攻击性与冲突性行为而引起同学反感。另一部分属于被忽视的个体，通常孤僻、被动、不合群，对嘲弄和争执异常敏感，由于被同伴群体孤立，对肢体攻击一般采取默许的态度，容易成为欺凌者攻击的目标。[①] OBPP 班级层面措施中的“结伴而行”引导孤立学生加入积极同伴群体，使其在乘坐校车、课间、午餐等欺凌发生风险时段有同伴陪伴。拥有一个或多个同伴被多次证实是预防欺凌的有效保护措施，学生处于有能力亦有意愿保护弱者的同伴群体中能够大大降低其遭受欺凌的可能性。学生在班级中拥有亲密同伴后，其遇到困难时更易获得帮助，其求助更可能得到响应。当班级中有更多学生加入积极同伴群体时，冲突发生的概率降低，即使发生也很少恶化。[②]

再次，基于群体社会化理论的 OBPP 强调融纳式的规范与

① C. Salmivalli, et al., “Bullying as a Group Process: Participant Roles and Their Relations to Social Status within the Group”, *Aggressive Behavior*, 22(1), 1996, pp.1-15.

② R. S. Newman, et al., “Confrontation with Aggressive Peers at School: Students' Reluctance to Seek Help from the Teacher”, *Journal of Educational Psychology*, 93(2), 2001, pp.398-410.

政策对所有学生融入同伴群体的效果，因此在班级层面的措施中关注积极同伴群体的组建。而同伴友谊的形成与经常共同进行活动密不可分，此类活动可以是玩乐，也可以是共同完成学习任务或是实践活动。[①]因此，OBPP 在班级层面的奖惩措施中明确指出，对组织班级全员参与的活动的学生应予以嘉奖。这一措施看似与应对欺凌无直接关联，实际上正是运用群体社会化理论使参与活动的学生逐渐培养友谊，形成同伴群体，群体为弱势个体提供强有力的保护，使其免受欺凌威胁。对于有攻击性倾向的边缘个体，引导其融入积极同伴群体中，中和其风险特征，降低其实施欺凌的主观动力。

最后，群体社会化理论在 OBPP 班级层面的践行，还体现在发动旁观者采取抵制欺凌的措施。班级中勇于抵制欺凌与维护受害者的旁观学生是欺凌的天然预防因素。针对欺凌旁观者的研究显示，此类群体通常扮演四种角色：加害协助者、起哄助威者、冷静旁观者以及受害维护者。[②] 在欺凌发生时，如果班级同伴群体中受害维护者人数众多，欺凌行为就难以维持。OBPP 班级层面的措施中，提高反欺凌意识、张贴反欺凌规范、普及欺凌常识、强调欺凌危害、引起学生对欺凌的重视等措施均

---

① B. Doll, et al.,"The Relationship between Children's Self-Reported Recess Problems, and Peer Acceptance and Friendships", *Journal of School Psychology*, 41(2), 2003, pp.113-130.

② V. Pöyhönen, et al., "Standing Up for the Victim, Siding with the Bully or Standing by? Bystander Responses in Bullying Situations", *Review of Social Development*, 21(4), 2012, pp.722-741.

致力于使旁观的学生能切身感受到欺凌对受害者带来的伤害，其最终目的是激起同伴群体中旁观者抵御欺凌的勇气与信心。当欺凌者的攻击行为在旁观者中无法获得支持反而引起抵制情绪时，其继续欺凌的意愿就会减弱，再次欺凌的可能性也会随之降低。

概言之，OBPP 以生态系统理论为基础，与群体社会化理论相辅佐，在学校层面、班级层面、个人层面、社区层面采取细节化措施，通过调整群体间、群体内成员间互动性质与方式，以及改良学校生态环境，从而实现校园欺凌的预防与干预。

（五）OBPP 视域下的校园欺凌形式

OBPP 将校园欺凌行为分为两大类——直接型欺凌与间接型欺凌。直接型欺凌指公开地攻击或面对面地冲突，包括：身体欺凌，如拳打、脚踢、推搡、掌掴、吐口水、绊倒、拿走或破坏他人物品等；言语欺凌，包括辱骂、嘲讽、威胁、取绰号等。间接型欺凌行为更具隐蔽性与匿名性，较为典型的有社交欺凌，包括故意排挤，散播谣言破坏受欺者的同伴关系、自信心或社会地位等。

随着科技的发展，在传统的校园欺凌之外，一种以网络为载体、不再受到地域与时间限制的新型欺凌形式浮现出来。这种欺凌行为因更多地发生于校外而不易被学校教师发现，具有隐蔽性，因实施载体为网络而具有匿名性，加之不再像传统校园欺凌受制于时间与空间，因此在某种程度上更具备危害性。最初，此类行为被归于网络骚扰（cyber harassment），后统称为“cyberbullying”，通常翻译为“网络欺凌”，本书容纳其各类实施载体，将其译为“电信欺凌”。电信欺凌作为校园欺凌的一种新形式，根据实施载体不同分为短信、邮件、电话、照片/影像四个类别。[①] 史密斯教授在后期的研究中将“电信欺凌”的定义再次规范化，按照其实施载体的不同，将其扩充为手机媒介欺凌、电话欺凌、邮件欺凌、聊天室欺凌、网站欺凌以及即时消息欺凌等。与传统欺凌相比，电信欺凌具备新型特征。在传统的欺凌鉴别中，发生的重复性是一个重要特征，然而在电信欺凌中，由于网络的无限延展性，一次欺凌行为就可能导致受害者在相当长的时间内持续遭受伤害。此外，传统欺凌通常存在高发时间或高发地点，当受害者避开这些区间时可以在一定程度上避免遭受欺凌。但电信欺凌可以在任何时间、任何地点发生，很难规避。即使受害者离开学校，回到家中的安全区域也难以摆脱电信欺凌的困扰。电信欺凌的另一特点是匿名性，与传统的面对面的欺凌不同，遭受电信欺凌的受害者很难判断欺凌者的身份，这使得欺凌者容易加重行为的恶性。不仅如此，这一特征还造成欺凌旁观者数量的剧增，由于电信欺凌的匿名性，更多在现实中没有参与欺凌的群体选择参与电信欺凌，成为加害协助者。同理，由于难以判断欺凌源，旁观的受害维护者难以进行援助，变相加

---

① R. Slonje, et al., “Cyberbullying: Another Main Type of Bullying”, *Scandinavian Journal of Psychology*, 49(2), 2008, pp.147-154.

重了受欺的程度。由于电信欺凌的匿名性及不受时间与空间限制的特征,OBPP 通常将其归为间接型欺凌。

(六)OBPP 视域下的校园欺凌参与群体

OBPP 认为校园欺凌中存在四类主要群体:欺凌加害者、欺凌受害者、既受到欺凌又实施欺凌的欺受皆有者以及旁观者。旁观者亦可分为加害协助者、起哄助威者、冷静旁观者以及受害维护者。以上群体对欺凌行为的态度对事件的持续与恶化均有重要影响。[①]

1.欺凌加害者

OBPP 将欺凌加害者(本书称为"欺凌者")定义为以伤害他人为目的的重复性攻击行为的实施者。人格研究显示,欺凌者在自我认知方面与普通青少年并无明显差异,但较普通青少年更具攻击性、敌对性与操控欲,社会心理功能较差,在处理同伴关系中更倾向采用恶劣的、攻击性的言行。另有研究显示,欺凌者通常在外化行为中表现出多动性,在日常生活中更加冲动且缺乏自我控制。在进一步的分析中,OBPP 发现欺凌者分为群体地位等级较高者与地位等级较低者两类。群体地位等级较高者,在同伴群体中较受欢迎,擅于规划自己的行为,运用欺凌等操控手段获得更高的地位等级。而地位等级较低者,通常不受

① D. Olweus, *Bullying at School*, Oxford: Blackwell, 1993.

欢迎，被视为问题学生。虽然欺凌者存在不同亚属，但是对欺凌者的长期跟踪研究显示，欺凌者成年后更容易陷入不良行为与犯罪中。换言之，欺凌者通过欺凌行为而非社会普遍认可的行为方式处理同伴关系的早期经历，为其成年后无法适应社会埋下伏笔。因此，根据 OBPP 生态系统观，对于地位较高的欺凌者，应运用群体社会化理论，在微观系统中引导其与积极同伴建立群体，建立积极的互动模式，通过有益方式获得同伴喜爱，摈弃欺凌等操控手段；对于地位较低的欺凌者，应与家庭微观系统保持联系，理清导致其问题行为的缘由，必要时为其提供心理干预。[①]

2.欺凌受害者

OBPP 将欺凌受害者（本书称“受欺者”）定义为以伤害为目的重复性攻击行为的收受者。与欺凌者相反，受欺者呈现出与普通青少年明显不同的自我认知。受欺者通常自我认可度较低，与普通青少年相比，更容易抑郁、焦虑并缺乏安全感，因此也更加谨慎、敏感、安静。受欺者通常呈现出孤僻、忧郁以及恐惧新环境的性格特征，表现出更多的内化行为。受欺者自身的性格特征使其缺少好友的陪伴，在学校感到孤独，在欺凌事件发生时因缺少同伴的支持而易成为受害对象。受欺者对欺凌事件的应对以逃避为主，如选择逃学、离家出走等来消极应对，在一些

① M. Solberg, et al., “Bullies and Victims at School: Are They the Same Pupils?”, *British Journal of Educational Psychology*, 77(2), 2007, pp.441-464.

极端情况中，一部分受欺者会选择自杀来逃离现实困境。不仅如此，研究显示，遭受欺凌的经历会影响受欺者的生活，使其表现出抑郁、自尊低下等性格特征，并持续至其成年时期。OBPP 认为，多数欺凌行为的发生源于受欺者同伴支撑的缺失，因此对受欺者的帮扶主要通过关注同伴微观系统的建立与互助模式的搭建，利用积极有力的同伴友谊形成保护网，抵御欺凌侵袭。①

3.欺受皆有者

校园欺凌中，除了纯粹的欺凌者与受欺者外，OBPP 还意识到有一小部分群体两者兼有，即欺受皆有者。相关研究显示，欺受皆有者的出现率在 0.4%～29%。之所以将校园欺凌中的这类群体单独分类，是因为此类群体较纯粹欺凌者或受欺者具有更高的风险因素。欺受皆有者通常极不适应社会，具有外显与内化的多重问题，不但难以控制情绪冲突，而且具有冲动性与攻击性，极易出现心理疾患。欺受皆有者的边缘化人格特质使其经常受到同伴的排斥，进而在遭受欺凌时更缺少同伴援助，因此欺受皆有者比纯粹受欺者遭受的欺凌更多。欺受皆有者的冲动性特征使其在进行或遭受欺凌时更易出现直接的肢体攻击行为。这一情况符合欺受皆有者群体中男生居多的特征。研究显

① D. Olweus, "Bully Victim Problems among Schoolchildren-basic Facts and an Effective Intervention Program", *Journal of Endocrinology*, 51 (1), 1993, pp.217-218.

示，男生成为欺受皆有者的比例比女生高4～5倍。欺受皆有者自身的高风险因素使其更易参与电信欺凌，甚至更易出现自杀等极端行为。因此，OBPP认为欺受皆有者作为校园欺凌当事人群中的极端特例，是值得长期关注的群体。教师应当鼓励欺受皆有者与积极同伴建立友谊，引导其规范行为，并通过坚实的友情关系形成防欺凌保护网。

4.欺凌协助者

欺凌协助者指在欺凌事件中协助欺凌者实施欺凌的个人或群体。如果将欺凌看作是在同伴群体中追求权力地位的行为，那么在欺凌事件中拥有协助者正是欺凌者群体地位的体现。一般而言，为追求更高的地位等级，欺凌者通常选择弱小孤立的群体成员或是不被同伴喜爱的群体成员作为欺凌对象，一部分群体成员为表达对此成员的不满会成为加害协助者，而部分旁观者鉴于受欺者反击行为能力较弱亦会成为加害协助者。针对欺凌协助者的调查发现，协助者具有与欺凌者相似的攻击性认知，这是其选择协助欺凌者的直接原因。在欺凌协助者的配合下，欺凌行为的持续性与恶劣性大幅增强。① 因此，OBPP关注全校范围内对欺凌行为的辨识与干预以及对行为后果的普及，强调营造和谐的校园生态环境的重要性并始终坚持引导学生绝不纵

① A. Kärnä, et al.,"Vulnerable Children in Varying Classroom Contexts: Bystanders' Behaviors Moderate the Effects of Risk Factors on Victimization", *Merrill-Palmer Quarterly*, 56(3), 2010, pp.261-282.

容欺凌的行为。

5.欺凌旁观者

校园欺凌事件中,除欺凌者与受欺者外,另一类群体虽没有直接参与欺凌,却同样受到 OBPP 关注,这类群体为欺凌事件的在场同龄人,即欺凌旁观者。诸多学者研究过旁观者的态度对欺凌事件发展的影响。多数学者认为,鼓励旁观者积极支援受欺同伴是阻止欺凌事件发生的关键所在。[①] 芬兰学者萨尔米瓦利(Christina Salmivalli)在研究中得出,在场同龄人的反应倾向于受欺者有助于欺凌事件快速结束。反之,如果在场同龄人的反应倾向于欺凌者,那么欺凌的发生会更加频繁。研究显示,虽然确有在场同龄人选择冷静围观或者协助欺凌者,实际上大部分旁观者并非赞同欺凌行为。因此,旁观者在目睹欺凌事件时为何选择与自身伦理情感相悖的行为方式值得深思。[②] 美国疾病与预防控制中心的吉尼(G. Gini)教授在对欺凌事件的冷静围观者与受害维护者的对比调查中发现,选择围观而不参与的旁观者多缺乏帮助他人的自我责任感与自信心,而选择维护

① K. S. Frey, "Observed Reductions in School Bullying, Nonbullying Aggression, and Destructive Bystander Behavior: A Longitudinal Evaluation", *Journal of Educational Psychology*, 101(2), 2009, pp.466-481.

② K. Rigby, et al., "Expressed Readiness of Australian Schoolchildren to Act as Bystanders in Support of Children Who Are Being Bullied", *Educational Psychology*, 26(3), 2006, p. 425.

受欺者的旁观者则不缺乏这两种特质。[①] 此外,冷静围观的旁观者亦存在帮助受欺者会失去同伴支持的顾虑。对维护受欺者群体的调查发现,这类群体多为女生,年龄相对较大,具有较强的同伴支持度,孤独感较弱。简言之,受害维护者的自我效能较高,对行为后果的忧虑较低,对抵制欺凌行为的价值判断较高。鉴于此,OBPP深入研究旁观者支持欺凌行为的动机、旁观者对欺凌无动于衷的缘由以及调动旁观者积极维护受欺者的方法,并在欺凌干预中专门制定旁观者赋权步骤以调动旁观者抵制欺凌行为的积极性。

综上,校园欺凌涉及的主要群体可统合为三类,即欺凌者、受欺者以及旁观者。欺凌者在同伴交往中倾向于采用攻击性的言语与行为,受欺者通常较弱小且缺少同伴支持,旁观者虽然并未直接参与欺凌,但其在欺凌事件中扮演的角色却在很大程度上影响欺凌事件的发展。因此,OBPP关注在校园欺凌预防与干预政策中这三类群体之间及群体与学校生态之间的互动,并通过科学高效地调解三类群体间的关系来化解校园欺凌问题。

(七)OBPP视域下的校园欺凌风险因素

OBPP关注欺凌行为以及受欺经历产生的原因,旨在通过改善欺凌者与受欺者的微观生态环境以及微观系统之间(即中

---

① G. Gini, et al., "Association between Bullying and Psychosomatic Problems: A Meta-analysis", *Pediatrics*, 123(3), 2009, pp.1059-1065.

观系统)的矛盾来改善欺凌困境。

1.受欺经历

诸多校园欺凌研究证实,受欺者的数量远大于欺凌者。在中小学生中,一定时期内受欺者人数占总数的 10%～30%,而欺凌者人数占 7%～15%。[①] 如果将调研的时间延长至整个中小学时期,那么至少被欺凌一次的受欺者人数比例高达 75%,绝大部分受欺者长期、反复遭受欺凌。[②] 受欺者反复成为受欺对象,很大程度上与其自身弱势群体等级地位和缺乏同伴支撑有关,由于遭受欺凌时受欺者自身缺少反抗力,亦缺乏同伴的有力支持,欺凌者无所畏惧,旁观者制止欺凌的可能性降低。受欺经历使受欺者再次边缘化,进而使其遭受欺凌可能性再次大幅提升,部分受欺者在多次受欺后转变为欺凌者继续对他人实施欺凌。OBPP 的校园欺凌预防措施突出微观环境对受欺者的保护,如指派高年级同学陪护受欺者,引导积极同伴群体悦纳受欺者并与其形成同伴联盟等。

2.童年经历

OBPP 以生态系统理论为基础,关注青少年自身与所处家庭间的互动,即微观环境系统矛盾对校园欺凌的影响。研究显

---

① D. Schwartz, et al., *The Aggressive Victim of Bullying: Emotional and Behavioral Dis-regulation as a Pathway to Victimization by Peers*, NY: Guilford Press, 2001.

② J. H. Hoover, et al., "Bullying: Perceptions of Adolescent Victims in the Mid-Western U.S.A.", *School Psychology International*, 13(1), 1992, pp.5-16.

示，家庭因素从基因与环境两方面对儿童后期成为欺凌者或受欺者产生影响。在欺凌等反社会攻击性行为的形成中，基因影响占40%，环境影响占60%，其中普遍环境影响占20%，独立环境影响占40%。[①] 多项纵向研究显示，在实施欺凌的青少年的家庭环境中，家长普遍过分控制，缺少关爱，在青少年认知发展上缺乏激励，情感上缺少支持。而最终成为欺受皆有者的青少年，尤其是男生，通常来自极其恶劣的家庭环境，此类青少年一般在童年早期就目睹或遭受过暴力，而且其母亲通常会对其进行恶意与严苛的管教。在基因因素方面，反复参与欺凌的青少年表现为同感低且不择手段。对受欺者的研究发现，此类青少年的家长存在焦虑引发的过分控制，使青少年在家庭环境中成为受欺者，进而增加其在校园中成为受欺者的概率。此时，青少年所处的消极家庭环境及家长的焦虑都成为影响其欺凌经历的隐性因子。OBPP在社区层面的措施强调监护人在校园欺凌早期辨识中的重要作用。当学生出现厌学、情绪低落甚至无端肢体疼痛时，家长应询问其是否在学校遭受欺凌。此外，OBPP在学校层面的措施强调指导家长在家庭生活中教导学生以和谐友爱的方式与同辈相处，并将此类相处模式延伸至学校。

---

① F. J. Zimmerman, et al., "Early Cognitive Stimulation, Emotional Support, and Television Watching as Predictors of Subsequent Bullying among Grade-school Children", *Archives of Pediatrics and Adolescent Medicine*, 159(4), 2005, pp. 384-388.

3.同伴影响

同伴即欺凌发生时的在场同龄人，其在欺凌发生时扮演的角色对欺凌事件的发展起着至关重要的作用。对校园欺凌中在场同龄人的反应是否影响欺凌事件发展的研究证实，在场同龄人的反应倾向于受欺者有助于欺凌事件的快速结束。反之，在场同龄人反应倾向于欺凌者，会导致欺凌更加频繁地发生。因此，同伴影响被视为校园欺凌中的风险因素，对正在发生的校园欺凌事件的尽快结束或继续发酵起着重要的引导作用。

OBPP 关注与青少年联结最紧密的微观系统，并为欺凌事件中的同伴群体提供干预指导。在欺凌发生时，首先是制止欺凌，其次是关怀受害者，再次是提醒旁观者支持，最后是及时告知相关教师。同伴群体在校园欺凌事件发展中发挥重要作用，同伴的积极影响能够对欺凌者形成正面压力，迫使其结束欺凌行为，同时为受欺者提供支持，营造宽松有利的反欺凌氛围。

（八）OBPP 视域下的校园欺凌危害

校园欺凌危害研究显示，校园欺凌经历对欺凌者与受欺者均具有长期消极影响。奥维斯欺凌问卷调研显示，13～16 岁的欺凌者在成年后被控有罪的概率是 36%，而同期的普通青少年该比率为 10%。致力于校园欺凌与儿童心理社会适应研究的美国国立卫生研究院的南泽(T. R. Nansel)教授证实,参与欺凌者(包括欺凌者与受欺者)比普通同龄人更易出现心理健康问题,其社会适应能力亦较差。[①] 吉尼教授在对7～16岁青少年的试验研究中发现,欺凌参与者比普通同龄人更易出现身心疾病。美国《犯罪行为与心理健康》特刊进行的大规模数据搜集证实欺凌者在成年后的犯罪概率几乎是普通青少年的两倍。[②] 对于受欺者而言,长期遭受欺凌会导致其出现自尊心低下、焦虑恐慌、身体患疾等消极反应。不仅如此,研究发现,欺凌导致青少年自杀的情况日益增多。美国疾病控制与预防中心数据显示,超过14％的被欺凌青少年考虑过自杀,7％尝试过自杀。耶鲁大学数据显示,受欺者考虑自杀的比例是普通青少年的2～9倍。无论对于欺凌者还是受欺者,欺凌对青少年造成的影响都具有长期性与消极性。吉尼教授鉴于欺凌危害的国际共通性,将欺凌从校园问题上升为公共健康问题。

综上所述,在风险群体方面,OBPP关注中学时期的青少年群体。在校园欺凌形式方面,OBPP将欺凌行为分为直接型欺凌(包含身体欺凌与言语欺凌)和间接型欺凌(包括社交欺凌与电信欺凌)。在参与群体方面,OBPP重点关注欺凌者、受欺者

---

① T. R. Nansel, et al., "Cross-national Consistency in the Relationship Between Bullying Behaviors and Psychosocial Adjustment", *Archives of Pediatrics & Adolescent Medicine*, 158(8), 2004, pp.730-736.

② M. Ttofi, et al., "Risk and Protective Factors, Longitudinal Research, and Bullying Prevention", *New Directions for Youth Development*, 133, 2012, pp.85-98.

与旁观者群体及其行为对欺凌事件发展变化的影响。在校园欺凌防治研究方面，OBPP 从生态系统理论出发，强调欺凌是学校环境整体缺陷导致的。因此，OBPP 以改善校园氛围为首任，通过从微观到宏观各层面措施的相互配合来降低学校的整体欺凌发生率。

四、校园欺凌相关概念界定

（一）校园欺凌

从本书视角出发的“校园欺凌”概念，主要对校园欺凌主体人群的重要特征以及主要类型进行厘定，为下文深入探讨 OBPP 及其本土化路径搭建研究框架。

1.校园欺凌的主体厘定

国务院教育督导委员办公室对校园欺凌的界定明确指出，校园欺凌是发生在学生间的不良互动行为，因此校园欺凌的第一主体是学生。在对这一主体的研究中，国内外学者观点较为一致，均认为中学生较之小学生更易成为欺凌的多发群体。小学生由于认知能力发展水平的局限性，对欺凌的认知仍较模糊。然而，到了中学时期，学生已经能够清楚地辨别欺凌行为，对欺凌的态度亦由消极向积极转变。本书对学生群体的关注亦主要集中于中学生。

虽然校园欺凌研究的第一主体为学生，但从 OBPP 的核心生态系统理论出发，学生所在的微观、中观、外围、宏观环境均影响其欺凌行为的产生，因此本书亦关注在学校环境中与学生关系最为紧密的微观系统，以及教师在校园欺凌防治中的重要作用。在不同类型的校园欺凌防治手段对比中发现，仅依靠学生群体自身力量解决校园欺凌问题的防治手段收效甚微。在校园欺凌防治中，教师是至关重要的思想引领者与措施落实者。从中观系统着眼，任课教师、班主任教师、学校管理人员乃至全校教职工在校园欺凌防治中扮演着各不相同却不可或缺的角色。班主任与任课教师主要负责班级中欺凌行为的辨识、欺凌知识的普及、积极思想的传播、同伴互助的引导以及欺凌应对技巧的教授。学校管理人员主要负责校园欺凌干预与惩戒规章的制定与颁布，校园欺凌预防活动的安排以及积极和谐校园氛围的构建。学校其他教职员工主要负责协助教师在欺凌高发时段（如午休、课间）和欺凌高发地点（如宿舍、厕所）做好学生监护工作，从整体上为学生营造更加安全的校园环境。因此，本书对全校教职工在校园欺凌防治中扮演的不同角色给予关注，并通过访谈深入了解新建校园欺凌防治模式在教职工欺凌认知、欺凌辨识、欺凌应对能力与信心方面的影响。

除教师外，家长是学生微观系统中对学生影响最大的客体。家庭是学生的第一课堂，家长对校园欺凌的态度是校园欺凌实施的关键预测因素。在家庭生活中与同辈相处时惯于使用操控手段或暴力行为的学生以及在家庭生活中经常目睹或遭受暴力行为的学生，其参与欺凌的概率大大增加。此外，学生出现异于寻常的厌学、抑郁甚至无故的身体疼痛，均有可能是其在校遭受欺凌的创伤体现。在微观与中观系统之外，外围系统对欺凌的关注亦影响欺凌事件的发生。本书关注的外围系统主要是学校所在社区以及社区警力对校园欺凌的抑制作用。

综上，本书视学生群体为校园欺凌防治研究的第一主体，开展大范围问卷调查以及小范围访谈研究，多角度了解校园欺凌防治以及新建防治模式的有效性。此外，围绕学生主体，本书对学校教职工、学校管理人员等多方开展访谈研究，深入探寻微观系统、中观系统、外围系统等对学生欺凌行为发生、演变的作用，以搜集信息并据此创建新型防治模式。

2.校园欺凌的类型分析

媒体曝光的欺凌事件以身体欺凌居多，且情节较为恶劣，多数造成受欺者身体与心理的较大创伤。然而在学校生活中，出现频率最高的欺凌形式依然是言语欺凌。研究显示，“取绰号”在多国的欺凌调研中均为排名第一的欺凌形式。[①] 身体欺凌与言语欺凌均为直接型欺凌。此类欺凌通常呈现为面对面地冲突，冲突的形式较为公开，欺凌者与受欺者身份较为明确。直接型欺凌的应对方式主要包括受欺者上报、旁观者制止和重要成年人干

① I. Whitney, et al, “Bullying in Schools: Mainstream and Special Needs”, *Support for Learning*, 7(1), 1992, pp.3-7.

预。此类欺凌由于欺、受双方身份明晰,一经查实,较易治理。

与直接型欺凌相对的是间接型欺凌,此类欺凌的实施手段通常较为隐蔽,欺凌者身份难以判断,因此为欺凌干预带来较大难度。间接型欺凌主要包括社交欺凌与电信欺凌。社交欺凌是女生常用的欺凌方式,多以故意排挤、散播谣言等形式进行,以破坏受欺者的同伴关系、自信心或同伴群体地位为目的。由于其实施过程的隐蔽性,除受欺者上报并查实欺凌实施者外,难以有效干预。电信欺凌是近年媒体曝光的欺凌事件中较常见的欺凌形式。国外的电信欺凌多为现实中言语欺凌或社交欺凌的网络延伸,导致学校的欺凌经历蔓延至受欺者家中,使其处于无处遁逃的困境。中国的电信欺凌以拍摄欺凌视频上传至网络的形式居多。受欺者的受欺视频长时间在网络上传播,对受欺者的成长与生活造成极为恶劣的影响。同时,网络视频传播性较强,一经发布,难以彻底删除。因此,无论对受欺者还是对社会公众,电信欺凌皆为影响恶劣的欺凌形式。鉴于电信欺凌难以追查欺凌者、欺凌视频发布后难以删除的特征,电信欺凌成为目前最难干预的欺凌形式。

综上,本书在对校园欺凌的分析中将学生视为校园欺凌的第一主体。为增强研究的完整性,笔者围绕学生所处各级环境系统对其欺凌行为的影响,开展对学校教职工、学校管理人员等其他相关主体的研究,并通过外层研究佐证整体研究的有效性。通过对近年典型欺凌事件的整理分析,笔者认为校园欺凌的主要特征有:消极同伴促使普通纠纷升级为欺凌,欺凌地点通常较为隐蔽,欺凌场景通常缺乏成人监管。本书在新型校园欺凌模式的创建中亦专门加入对上述校园欺凌特征的应对措施,使教师及其他重要成年人能够通过采取专门性、科学化的欺凌干预措施开展治理,通过改善学校整体氛围等手段从整体上减少欺凌发生。

（二）校园氛围

教育学家对校园氛围的关注在20世纪初已初露端倪,之后不断有学者的研究证实校园氛围对学生在校的学习与生活具有重大影响。本书对校园氛围的理解采用美国国家校园文化理事会(National School Climate Council, NSCC)对“校园氛围”的定义,校园氛围基于在校人员对校园生活的体验形成,反映学校的治学规范、办学理念、学校价值观、人际关系、教学实践以及管理体系。和谐的校园氛围是积极的,是使在校人员在心理、身体、人际相处中感到安全适宜的治学规范、办学理念、学校价值观的总和。和谐的校园氛围能够激发学生学习的热情,削弱学生自身的社会背景对学习形成的阻力。和谐的校园氛围能够在一定程度上抑制不良行为的发生,有利于青少年的健康成长,助其获得对社会有贡献、有价值的幸福体验。在和谐的校园氛围中,学校学生、家长、教师为学校共同的治学目标而努力,每一位在校人员均为更好地建设学校、奉献学校而努力。

1.校园氛围的四个维度

校园氛围的衡量通常包括四个维度:安全氛围、交际氛围、教学氛围与管理氛围。[①]

校园安全氛围主要包括两个方面:学校教职员工对学校规范的严格执行及对学生的关心爱护(合称"管理与帮护")。研究显示,校园安全与学生的学习进步以及健康发展息息相关。安全的校园环境可以有效降低学生不良行为发生的可能性。针对欺凌行为的研究证实,学校加强管理与帮护不但能够抑制欺凌行为,而且在欺凌事件发生时还能促使更多旁观者积极制止欺凌。

校园交际是学校教学生活得以正常进行的基础。研究证实,在规则合理、秩序井然、师生关系和谐的校园中,学生发生不良行为的可能性与频率均明显下降。在和谐友爱的校园交际氛围中成长的学生通常有较强的学校荣誉感与集体意识,其在校的行为表现通常更积极进取。此外,学校教职工间的人际关系亦是校园氛围的重要组成部分。积极的校园氛围促使教师更加相信其教学工作对学生的积极影响。同时,当教师感到自己的付出得到学校管理人员与同事的认可时,其工作挫败感降低,会更加乐于为工作奉献。学校教职工间的和谐关系对学生亦会产生潜移默化的影响,积极的教工关系可以为师生关系和生生关

① J. G. Kosciw, et al., *The 2005 National School Climate Survey: The Experiences of Lesbian, Gay, Bisexual and Transgender Youth in Our Nation's Schools*, NY: National School Climate Survey, 2006.

系的发展起到良好的示范作用。

教学是学校的基本职能。和谐的教学氛围能够提升学生凝聚力，鼓励学生相互尊重、相互信任，共同学习、共同进步。在教学中，教师与学生的和谐关系对学生取得优异学习成绩以及积极行为模式的形成具有重要影响。此外，学校教育中适时进行的道德教育、爱国教育、情感教育在提升学生成绩的同时，亦对学生的社交技巧、情绪管理、“三观”养成以及行为管控产生重要影响。①

学校管理主要分为人际与空间两个方面。美国疾病控制与预防中心将良好的人际氛围定义为：学生感受到的教职工和同伴对其学习和生活的关怀。研究显示，良好的人际氛围对攻击行为、不良行为有预防作用，并能够增加学生学校生活的幸福指数。同样，学校合理空间布局与学生安全保障密不可分。隐蔽而无人监管的校园区域会增强学生的不安情绪，进而影响学生的在校表现。②

2.校园氛围对校园欺凌防治的影响

校园氛围对学生学业成就、言行规范的影响，在诸多研究中均有提及。20 世纪 80 年代有研究显示，学校的社会组织结构

① J.A. Durlak, “The Impact of Enhancing Students' Social and Emotional Learning: A Meta-analysis of School-based Universal Interventions”, *Child Development*, 82(1), 2011, pp.405-432.

② R. A. Astor, “School Violence and Theoretically Atypical Schools: The Principal's Centrality in Orchestrating Safe Schools”, *American Educational Research Journal*, 46(2), 2009, pp.423-461.

与校园氛围对学生学业成绩的获得具有举足轻重的影响。[①] 除学业成绩外，学校整体的情感氛围以及教师特点、学生普遍成绩水平决定了学生的非学业成绩水平，如学生健康水平、辍学率、学习态度、出勤率、违纪行为、逃学旷课记录、罪错和违法活动及相关不良行为发生率。不仅如此，在有关青少年精神障碍的研究中发现，在冲突高发的学校中就读的学生出现注意力障碍与行为问题的概率较高；相反，就读于组织良好、氛围和谐的学校的学生，其发生不良行为的可能性较低。后续的纵向研究显示，从冲突高发的学校毕业的学生在青年时期出现犯罪行为的概率更高，而从氛围和谐的学校毕业的学生参与犯罪活动及出现反社会人格的可能性较低。[②]

不同的校园氛围影响着学生的自尊与发展。具有积极向上校园氛围、强调学习、将学生自身进步作为成就衡量标准的学校与强调竞争、驱使学生在成绩和其他学习表现中相互抗衡的学校，其就读学生的自尊发展截然不同。充满竞争的校园环境使学生的攻击行为发生率上升；而在讲求共进的学校，学生的自我效能普遍较高，同伴合作更为普遍。对于某些处于自我否认中或自我效能较低的学生，良好的校园氛围是其出现内部或外部

① S. C. Purkey, et al., "Effective Schools: A Review", *Elementary School Journal*, 83(4), 1983, pp.427-452.

② D. L. Dubois, et al., "A Prospective Study of Life Stress, Social Support, and Adaptation in Early Adolescence", *Child Development*, 63(3), 2010, pp.542-557.

障碍的纠正因素;而不良的校园氛围会导致学生更早出现不良行为。

校园氛围与欺凌类攻击性行为的发生息息相关。当学生就读于冲突频发、缺乏礼仪的学校时,学生间欺凌行为的发生率随之上升;而关注学业发展,给予学生一定自主权的和谐的校园氛围则成为抵御欺凌的一种积极力量源泉。校园氛围对学生各方面表现的影响可以不受个体特点与家庭环境的左右。学生容易被学校消极环境影响而呈现不良行为特征,如与教师发生争执,参与打斗或恐吓行为,对罪错行为不感到愧疚,刻薄、冷酷,欺凌他人,焦虑与孤僻等。这些特征与欺凌者、受欺者、欺受皆有者的行为特征非常一致。因此,校园氛围对欺凌事件发生的影响是微妙但真实存在的。当学校中冲突频发、暴力与违纪事件时有发生、学生与教师学风不正、师生关系紧张、组织混乱时,紧张的校园氛围会导致生生互动呈现攻击性与高压性特征。此时,从改善校园氛围入手,通过自上而下的从学校到个人的反欺凌行动来推行的欺凌防治模式是最易取得成效的。当学校教职工为学生共同努力,学校组织有序,坚决杜绝不良行为时,生生互动相对更融洽,欺凌发生的风险性降低。和谐的校园氛围成为反欺凌的保护因素。

校园氛围与欺凌间的相互作用是可逆的,欺凌的发生对校园氛围会形成消极影响。欺凌事件频发易在学校中引发恐慌心理,影响在校学生及教师的学习生活。研究显示,22%的美国初中生报告称在校期间曾尽量避免经过多处学校区域以免遭受欺凌，更有5%的学生为躲避欺凌每月至少一天逃学在家。对于在校生，欺凌事件的频繁发生会导致其注意力无法集中于学业，情绪低落，甚至会出现肢体疼痛。此时，如果学校教职工没有积极应对或有效解决欺凌问题，会导致生生互动中欺凌现象进一步加剧。[①]

总之，校园氛围是学生、学校教职工以及家长在校生活感受的总和。校园氛围在心理、生理、品格养成、行为塑造、社交技能、情绪管控等多方面影响学生的发展与进步。营造和谐、积极、友爱的校园氛围能够降低学生不良行为发生率，增强学生安全感，提升学生社交技能，提高学生学习成绩，降低攻击性行为发生可能性，是欺凌防控中极为重要的环节。因此，以学校整体氛围改善为欺凌防控目标的综合性校园欺凌防治模式更易取得长期成效。

五、校园欺凌研究相关理论

本书以生态系统理论、群体社会化理论与理性行为理论为研究基础理论。生态系统理论认为个体处于嵌套着的环境中，将个体行为视为个体与环境以及环境与环境间相互作用的结

① D. Craig, et al., "Observations of Bullying in the Playground and in the Classroom", *School Psychology International*, 21(1), 2000, pp.22-36.

果。生态系统理论视域下对校园欺凌的防治,从学生所处的微观环境、中观环境、外围环境、宏观环境着手,通过解决环境系统间的矛盾、营造良好的环境氛围以达到防治欺凌的目的。群体社会化理论将个体的发展置于群进程(group process)中,个体行为受到群体规范的影响。群体社会化理论视域下的校园欺凌与群体同化和群体异化作用密切相关,通过不良群体的解构和积极群体的重组能够有效达到校园欺凌行为的干预。理性行为理论认为个体行为的实施受到重要他人对其行为态度的影响。因此,当家长、同伴、教师等学生生活中的重要他人对欺凌持消极与抵制的态度时,学生受到正面压力作用,实施欺凌的动力减弱,便能减少欺凌行为。

(一)生态系统理论

1936 年,德裔美籍心理学家勒温(Kurt Lewin)将几何理念引入心理学研究中,通过拓扑学来描述心理现象。他否定"刺激—反应"公式,在其《拓扑心理学原理》(*The Principles of Topological Psychology*)一书中提出行为会随人与环境的变化而变化,强调人与环境的交互作用对行为的重要影响。生态系统理论由此发展而来。[①]

1974 年,美国心理学家布朗芬布伦纳(U.Bronfenbrenner)

① E. Heidbreder, "Special Review: Lewin's Principles of Topological Psychology", *Psychological Bulletin*, 34(8), 1937, pp. 584-604.

首次在美国心理学会年会上提出“人类发展生态学”概念，并于1977年在《人类发展生态学》(*Toward an Experimental Ecology of Human Development*)中将人类发展生态学定义为：“用科学的视角理解在人类生命阶段一个不断成长的个体与它所存在的不断变化的环境之间进行的不断发展且相互适应的过程，这一过程不仅受到环境内因素的影响，而且会受到不同环境之间关系的影响，甚至宏观层面的社会背景也对此过程产生影响。”[①]这一定义描述了人类发展生态学理论的三个特征：第一，个体的发展历程不再被定义为被动接受外部环境改造的过程，而是有自我意识的成长过程。在成长过程中，个体可以融入所在环境中并对其进行改造。第二，个体与环境的关系是交互的，两者互相影响，相互作用。第三，不仅单一环境与个体相互作用，多个环境相互作用并作用于个体，影响个体发展。

1.生态系统理论的基本观点

布朗芬布伦纳将生态环境分为四个层级，由内而外依次为微观系统、中观系统、外围系统与宏观系统。四个层级由小到大，层层嵌套，构成围绕一个中心的多层生态系统，系统间交互作用，又同时与个体相互作用，从而最终影响行为的发生。微观系统(microsystem)指“一个发展中的个体与其所处的最直接环境之间的复合关系”。因此，对于学生而言，家庭与学校均为对

① U. Bronfenbrenner, “Toward an Experimental Ecology of Human Development”, *American Psychologist*, 32(32), 1977, pp.513-531.

其影响最大的微观系统。微观系统的外层为中观系统(mesosystem)。中观系统被视为“多个微观系统的整合体,它代表个体在人生发展某一特定时期对其具有重要影响的多个微观系统的相互联结”。如在中学这一特定时期,家庭、学校、同伴均为对学生产生重要影响的微观系统。一个儿童在家庭中与其他兄弟姐妹相处的习惯影响到其作为学生在学校与同学的相处,就成为中观系统的矛盾。外围系统(exosystem)指“由中观系统延伸出来的与其他特定社会架构相连接的系统。个体虽然不直接处于外围系统之中,但是外围系统通过作用于个体直接所处的环境而影响、限定甚至决定该环境的发展变化”,如父母工作单位、所处社区、当地媒体均可能通过影响学生所在学校或家庭氛围而最终影响学生的行为选择。宏观系统(macrosystem)与其他三个系统有本质上的区别。宏观系统并非指特定个体所处的特定环境,而是主导整个群体经济、社会、教育、法律、政治体系的正式或非正式的文化或亚文化。微观系统、中观系统、外围系统都作为宏观系统的表征而存在,如一个地区的文化对家长概念的理解会影响社会对儿童和家长的态度,以及家长与儿童相处的方式,从而影响儿童行为。

2.生态系统理论的发展演化

随着生态系统理论体系的发展演进,社会学家慕思(R. H. Moos)将生态学概念引入公共健康领域,提出可以解决健康行为问题的社会生态学理念。社会生态学理论依然强调环境系统间的相互依存以及人与环境间的动态交互作用。不同的是，相比于最初的生态系统学理论，社会生态学更关注在不同社会、机构、文化背景下人与环境的互动关系，并强调人类情景的复杂性以及自然环境、社会文化环境、个体特征等多种维度对行为产生的影响。[①] 社会生态理论视域下的健康行为理论认为，行为受到个体所处环境之间在多个层面相互联结与交互作用的影响。后期发展出的生态系统模型进一步将个人内在因素、人际发展与周边群体因素、群体结构因素、社区因素、公共政策与社会结构因素列为健康行为的影响因素，并且认同任何健康问题都在一定程度上受到以上多层面因素的影响，而以上因素又通过跨层面的相互影响最终影响健康行为。长期关注欺凌及其危害研究的美国国立卫生研究院的南泽与美国疾控中心的吉尼等人通过研究得出，欺凌参与者比普通同龄人更易出现身心疾病，故而将欺凌从单纯的校园问题上升到公共健康问题。因此，亦可以用社会生态理论解释欺凌行为的发生。诸多学者认同欺凌不是孤立发生的事件，多层环境对欺凌行为的发生产生影响。个人、家庭、同伴、学校、社区、文化之间的复杂关系对欺凌事件的发生起着促进或抑制的作用。[②] 因此，当用生态系统理论的观点来看待欺凌时，欺凌的发生不再是独立存在的事件，而是依存于社

① R. H. Moos, *Social-ecological Perspectives on Health*, *Health Psychology: A Handbook*, San Francisco: Jossey-Bass, 1980, p.523.

② J. Garbarino, "An Ecological Perspective on the Effects of Violence on Children", *Journal of Community Psychology*, 29(3), 2001, pp.361-378.

会环境中，故而欺凌治理亦可以通过环境系统间的相互作用而为之。

3.生态系统理论对校园欺凌的问题分析

研究显示，生态环境中的四个层级对欺凌行为的产生有直接或间接的影响。据统计，85％的欺凌事件发生于同伴群体成员间。生态系统理论认为，对于学生，同伴群体属于最直接影响个体的微观系统。因此，虽然学校欺凌问题是存在于学校中的问题，但不应将欺凌仅仅视作个体在学校环境中的行为，而应视为同伴群体与学校环境间的互动行为。换言之，欺凌问题可以视为不良校园氛围的表征。[①] 在学校之外，学生面对的另一微观系统是家庭，当家庭与学校在规范、观念、准则方面存在较大差异时，就会出现微观系统间的冲突，成为中观系统的矛盾。当学生作为子女在家庭中接触甚至参与欺凌行为时，这种行为模式易被带入学校环境中，成为学校欺凌行为的导火索。从更高一层的视角着眼，学校的教育政策与理念会作为外部系统影响欺凌的发生。当学校政策强调严厉禁止欺凌行为并配备完善的规章支撑时，欺凌行为的发生率会相应降低。同理，学校政策对欺凌行为采取忽视的态度或缺乏干预措施时则会助长欺凌的发生。在宏观系统中，国家的政策以及地方政府对欺凌的态度都

① G. E. Barboza, et al., "Individual Characteristics and the Multiple Contexts of Adolescent Bullying: An Ecological Perspective", *Journal of Youth Adolescent*, 38(1), 2009, pp.101-121.

会影响到学校相关政策的制定与实施。以生态系统理论的观点看欺凌问题，从微观到宏观，各系统相互嵌套，通过系统与系统以及系统与个体间的相互作用，最终影响欺凌事件的发生（见图 1.2）。

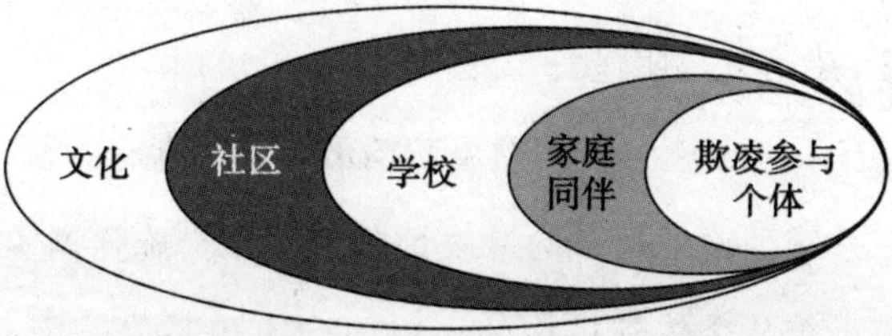

图 1.2　社会生态理论框架下的欺凌各系统关系

生态系统理论的深入发展促进了深层生态学理论的提出。深层生态理论将世界视为一个整体，而不是各司其职的生态系统组合，该理论把自然界的平衡视为各生态间复杂的内在关系秩序存在的结果。这一世界观强调个人与社会附着且依存于自然的变迁中，所有事物在本质上互相依存，形成“生命的大网”（The Web of Life）。[①] 心理学家库克（F. Cook）将这一理论运用于心理咨询领域，提出从生态学的角度处理咨询问题的十四项原则：多理论，多学科，多角度，一致性，综合论，范围广，生态观，互动性，合作观，多情景，互依存，节资源，权力观。其核心思想之一是个体与其他事物均属于不停发展变化的整体的组成部

① F. Capra, “The Web of Life”, *Quarterly Review of Biology*, 4(3), 2013, p.347.

分,这一观念在选择采取何种有效措施预防欺凌问题上有着显著意义。欺凌存在于多情景作用下的互联关系网中。形式单一的干预措施成效欠佳的主要原因是仅仅关注欺凌本身,而没有放眼全局。对欺凌的防治应以综合性为基础,注重整体协作与个体互动,忽视关系网中的任何环节,都会影响预防与干预措施的有效性,甚至事与愿违。①

4.生态系统理论对校园欺凌防治的价值贡献

生态系统理论框架下的欺凌预防与干预措施强调实施针对整个生态系统从个体到机构的多层面全方位举措。因此,生态系统观的欺凌预防措施并非只关注已参与欺凌或具有欺凌风险的群体,而是从学校层面营造全校反欺凌氛围着手,具体措施有:学校负责人接受正规欺凌风险与危害培训,使其对欺凌的后果认识清晰,明确安全平和校园氛围的重要性;制定相关规章,严厉禁止欺凌发生,此为在外部系统层面对欺凌的预防与干预。此外,教师接受正规的欺凌预防与干预培训,明晰欺凌事件发生时的处理方式与责任承担,促进学校反欺凌政策在学生中的推行,在班级活动中有意识地涉及欺凌话题,此为在中观系统层面进行的欺凌预防与干预。再如,家长在家庭生活中有意识地杜绝儿童及青少年使用不当手段欺凌他人,提醒子女在同伴关系中秉持平等原则;学生相信教师可以有效遏制欺凌行为,在收到

① M. J. Boulton, et al.,"Bully/Victim Problems among Middle School Children", *British Journal of Educational Psychology*, 62(1), 2011, pp.73-87.

欺凌举报时可以积极负责地处理问题，此为微观系统层面的欺凌预防与干预。最后，地方政府通过媒体报道认识到欺凌事件对青少年成长造成的严重危害，通过法律法规营造良好的生态环境，并督促学校大力治理欺凌问题，此为宏观系统层面的欺凌预防与干预。

当然，预防效果的维持需要生态系统自身的主动实施与维护。社会学家杜拉克(J. A. Durlak)等通过大数据调研发现，当动力仅来自生态系统外的个体时，欺凌预防与干预措施只可短期解决生态系统中的欺凌问题。一旦措施实行周期结束，欺凌预防与干预的持续效果堪忧。[①] 故此，从生态系统理论的视角出发，欺凌事件是微观系统到宏观系统间层层作用的结果，对校园欺凌的防治需要通过系统与系统之间、系统与个体之间的相互联结而达成。

(二)群体社会化理论

哈里斯在1995年发表的《儿童的环境在哪里？——群体社会化发展理论》(Where is the Child's Environment? A Group Socialization Theory of Development)一文中首次提出群体社会化理论，将儿童发展的重要影响环境从家庭延伸到同伴群体。

① J .A. Durlak, et al., "The Impact of Enhancing Students' Social and Emotional Learning: A Meta-analysis of School-based Universal Interventions", *Child Development*, 82(1), 2011, pp.405-432.

群体社会化理论认为，当三个或以上的个体由于相似的“圈子”或某种同盟关系结成一个群体时就会出现群体行为。

1.群体社会化理论的基本观点

群体行为与个体行为存在很大差异。群体成员会展现群内偏好(in-group favoritism)与群外敌意(out-group hostility)的行为特征。群内偏好指群成员在作出选择时总是偏好自己所在的群体。群外敌意指群成员在偏好自身群体的同时也会对其他群体产生排外行为。

从群体形成时开始，群体成员间的关系会逐渐变化。群体成员既渐趋同，又渐异化，呈现出群体同化与群体异化，两者皆为群进程的一部分。群体同化表现为群体成员间的趋同行为，指群体的各成员会内化群体规范，并通过群内压力强迫其他成员执行规范。群体异化指群体的各成员间存在不同的地位与权力等级，扮演着不同的角色，并出现群体成员间的相异行为。

美国心理学家特纳(John Turner)的自我归类理论(Self Categorization Theory)可以用来解释群进程。该理论用个体将包括自己在内的人群集合看作一个群体，并接受其作为一个群体的结果来解释心理群体的形成。当个体将自我归类为群体成员时，个体会认同群体及其“对适宜的言行及态度的规定、标准与信念”，这是群内同化作用的来源。当个体以自我进行归类时，群内异化作用产生。异化与同化并非相互排斥，个体身份识别与群体身份识别并非截然二分，相反，特纳认为，人们经常处于两个作用的中间节点，即个体的“我”与群体的“我们”之间。

群进程现象的出现源于个体自身发展与保持自信的需求。个体通常倾向于对自我作出积极的评价，积极的自我认知使个体对所在群体更加认可。由此，个体乐于将自身所在群体与其他群体相比较，并认为自身群体不同于且优于其他群体，即群内偏好。此类行为倾向引发群体间对比，造成群体间更大的差异。

群进程中的群体同化作用从幼儿期就开始出现。最早期的幼儿合作行为即为同伴模仿。[①] 这种对同伴榜样的模仿行为会一直持续到儿童时期乃至青少年时期。在家庭以外的群体中，年幼的个体尽量在穿着、行为、言语上与同性同伴一致。儿童同伴群体的总原则为：当新加入个体的言行与群体成员相异、不符合群体规范时，若个体不及时更正自身言行，则面临被排挤出群体的风险。对于不能或者不愿意服从的个体，群体可能对其采取严厉的惩戒措施。幼儿时期的群体形成具有随机性特征，到童年中期，同伴群体成员的组成特征开始具有明显的人类学属性。到青少年时期，群体成员的组成特征再次发生变化，由于大多数青少年的交际行为处于学校中，在学校成员基数众多的情况下，青少年群体的组成可以自由地按照个体的兴趣进行。

在群体社会化理论中，“群体异化”与“群体同化”并非一对

---

① C. O. Eckerman, “Lessons Drawn from Observing Young Peers Together”, *Paediatrics Scandinavian Supplement*, 77, 2010, pp.55-70.

互斥的概念，只是由不同的适应机制作用形成。① 群体中的儿童可能在某些方面与同伴相似，而在其他方面却迥然不同。在群体同化或群体异化过程中，通常总有一方占据优势地位。当多个群体同时存在时，群体的社会类属非常显著，群体同化作用的发生更具优势。当仅有一个群体存在时，其社会类属明确性降低，群体成员会更倾向于通过自我归类，将每个成员视为独立的个体，而不是可随意调换的群体成员，此时群体异化现象愈加显著，并促使群内等级地位(status hierarchies)与社会比较(social comparison)两种现象的出现。

等级地位的差异包括权力地位(dominance hierarchy)与名气地位(popularity hierarchy)的差异，两者相互关联却并非完全一致。儿童或青少年群体皆存在社会等级差异现象。群体成员在社会交际中取得成功通常会使其取得较高的等级地位。随着年龄的增长与社交技能的提高，成功往往会引来更多的成功，而失败则容易导致更多的失败。因此，不管在群体中处于高地位等级还是低地位等级的儿童或青少年，其地位变化的可能性均相对较小。被同伴排挤的儿童或青少年通常处于低名气地位，受到同伴伤害的儿童或青少年通常处于低权力地位。处于低名气或低权力地位的通常为同一批儿童或青少年，并且多数

---

① J. G. Miller, "Cultural Influences on the Development of Conceptual Differentiation in Person Description", *British Journal of Developmental Psychology*, 5(4), 2011, pp. 309-319.

长期遭受排挤与伤害。

2.群体社会化理论对校园欺凌问题的分析

在群体社会化进程中，群体同化作用与群体异化作用皆影响欺凌的发生与发展。学生在班级或学校中的互动便是群进程的开始。言行、偏好趋同的个体互相影响并通过相互模仿、相互作用、相互补充来加深彼此的相似度，最终此类个体相互接纳而形成一个独特的群体。[①]

群体社会化理论对于解释学校班级中欺凌现象的内部成因至关重要。欺凌属于显著的攻击性行为，而攻击性行为与群体社会化中的群体异化作用显著相关。尤其在青少年群体中，对于一部分青少年来说，在群体中受到欢迎或在群体中占据高名气地位的重要性已经远远超过学习成绩、个人价值观或同伴接受度的重要性，这一现象在20世纪60年代被社会学家称为“中学难题”(The High School Problem)。[②] 社会学家在研究中学同伴关系与受欢迎度时发现，女生群体中的成员对于名气地位的追求超过了对于学习成就的渴望，受访者表示受欢迎在获得高地位等级上的重要性是“至高无上的”。

由于青少年学生群体中部分群体成员对群体地位等级的“狂热”追求，加之攻击性行为与受欢迎度之间的内在关联，学生

① R. B. Cairns, et al., *Social Cognition and Social Networks: A Developmental Perspective*, NJ: Lawrence Erlbaum Associates, 1991.

② N. W. Ackerman, "The Adolescent Society", *Journal of the American Academy of Child Psychiatry*, 3(3), 1964, pp.564-565.

可能会使用公开或隐蔽的攻击性行为来操纵他人以在群体中获得高地位等级。[①] 那些可以最好地规划自己的行为并有效地将攻击性行为运用于获取高地位等级的群体成员，最终也正是群体中拥有高权力等级的成员。多项研究显示，具有攻击性的学生虽然在同伴接受度上得分不高，但在同伴受欢迎度上与通常的期望值截然相反。在一项为期五年的试验中，肢体和社交攻击行为成为学生获得更高欢迎度的预测因素。在另一项针对八至十二年级学生成长曲线的试验中，研究者发现公开或隐蔽的攻击性行为皆能够预测学生的高人气值。然而，群体中的成员试图通过攻击性行为获取更多资源，但失败后就会被群体边缘化。鉴于欺凌明确的攻击属性，可以认为，实施欺凌行为的学生分为两类：一类为群体中拥有高地位等级的成员，另一类为被群体边缘化的成员。[②]

在欺凌研究中针对受欺者的研究发现，受欺者通常具有难以或无意抵抗欺凌行为的肢体、情感或行为特征。单纯的受欺者通常处于较低的地位等级，在社交中受到排挤或被无视，与其他旁观者甚至欺凌者相比更不受欢迎。欺凌者选择其作为加害对象亦是缘于对其实施欺凌行为时受到制止或旁观者挺身相助

---

① T. Farmer, et al.,"Social Preference, Social Prominence, and Group Membership in Late Elementary School: Homophilic Concentration and Peer Affiliation Configurations", *Social Psychology of Education*, 13(1), 2010, pp.271-293.

② C. Rose, et al.,"Bullying and Middle School Students with and without Specific Learning Disabilities: An Examination of Social-ecological Predictors", *Journal of Learning Disabilities*, 20(10), 2013, pp.1-16.

的可能性较低。

针对欺凌者的研究发现,欺凌行为的实施者通常分为两个亚属:实施欺凌却仍然受欢迎的欺凌者与实施欺凌却不受欢迎的欺凌者。这两类欺凌者的最大区别在于前者更强大,而后者通常为问题学生。虽然两者在群体中的接受度均不高,但是前者更多被群体成员视为受欢迎的领袖人物。从这一角度出发,欺凌行为可以被视为群体异化作用中获得某种群体地位等级的工具,受欢迎且社交技能较好的欺凌者,能够成功地运用欺凌行为操纵他人,获得更高的地位等级,这类欺凌者通常选择较隐蔽的社交欺凌作为主要手段,以获得群体中较高的地位等级,也倾向于运用同样的欺凌手段加固自身地位。而不受欢迎且社交技能较差的问题学生,更倾向于实施公开的身体欺凌行为,在运用欺凌获得群体资源失败后,通常会被群体边缘化而处于较低的地位等级。①

3.群体社会化理论对校园欺凌防治的价值贡献

行为存在于社会化进程中,能够通过正面或负面的加强作用获得支持和巩固。当个体通过找寻与自身关键因素相似(如具有攻击性特征)的群体时,群体成员参与攻击性行为的水平更加接近。因此,群体成员间的同化作用对于欺凌这一典型的攻

① E. D. Bruyn, et al., "Associations of Peer Acceptance and Perceived Popularity with Bullying and Victimization in Early Adolescence", *The Journal of Early Adolescence*, 30(4), 2009, p.543.

击性行为的发展具有重要影响。多项试验证实，欺凌者在选择同伴、组建群体时更倾向于选择具有攻击性行为倾向的同伴，如其他欺凌者或有欺凌倾向的人。调查显示，同一社会群体中的青少年在欺凌参与水平与怂恿欺凌水平上呈相关性。此类群体通常还具备纵容欺凌的群体规范，使得群体成员不但参与欺凌，而且纵容彼此的欺凌行为。与之相反，受欺者所处群体中具有攻击性倾向的成员较少且攻击性倾向较轻。研究证实，单纯欺凌者所在的群体中主要成员均为其他欺凌者。但是欺受皆有者的主要结交对象是受欺者，两者通常隶属于较小的、主要由其他被边缘化个体组成的群体或者不属于任何群体而孤立存在。①

青少年是否拥有紧密的同伴关系与其是否会成为受欺者有极大相关性。紧密的友谊关系是抵御公开或隐蔽欺凌行为强有力的工具。研究显示，较之普通青少年，受欺者与欺受皆有者皆拥有较少的紧密友谊关系。当儿童或青少年属于一个群体并拥有更多朋友时，其成为受欺者的可能性随之降低。

群体社会化理论对欺凌的预防工作具有指导作用。群体异化理论推断出两类欺凌者：一类为受欢迎的欺凌者，在群体内处于较高地位等级，对群体成员具有一定影响力；另一类为不受欢迎的欺凌者，通常被群体边缘化而处于群体较低地位等级。而

① D. Estell, et al., "Students with Exceptionalities and the Peer Group Context of Bullying and Victimization in Late Elementary School", *Journal of Child and Family Studies*, 18(1), 2009, pp.136-150.

受欺者通常由于自身某些特征不具备较紧密的友谊关系，处于群体较低地位等级，甚至不属于任何一个群体。以此可以推断，当群体的社会等级结构发生变化，或是当欺凌者不再处于受欢迎的高地位等级，受欺者不再遭受群体成员排挤时，欺凌的发生率就会随之降低。根据群体同化理论，具有相同攻击性行为或倾向的个体相互吸引并组成群体，在群体中相互影响而促进群体成员的攻击性行为发展。因此，如果将具有欺凌行为的群体成员拆散并与具备积极行为特征的个体重新组成群体，则欺凌行为不会因群体成员相互纵容而加剧，反而可能因为群体规范的改变而降低发生的可能性。①

如何通过群体等级结构或群体成员组成的改变来预防欺凌？多项研究显示，鉴于欺凌是发生于学校甚至班级中的社会互动行为，教师是能够最早识别、监控并进行有效干预的最合适人选。不但如此，教师还处于直接引导班级群体建立积极社会规范或间接调整群体成员结构的重要位置。因而从群体社会化理论出发，教师是防治校园欺凌的重要群体。在欺凌预防与干预中，教师首先应深入了解班级的群体结构特点。在班级中，那些受欢迎度高、占据较高地位等级的欺凌者所处的群体经常包含其他较突出的个体，此类群体的存在会影响其他群体成员，为

① R. Veenstra, et al.,"The Role of Teachers in Bullying: The Relation between Antibullying Attitudes, Efficacy, and Efforts to Reduce Bullying", *Journal of Educational Psychology*, 106(4), 2014, pp.1135-1143.

获得相似权力等级而同样将欺凌作为操纵他人的手段。因此，教师应更注重对此类欺凌者群体的引导，通过将积极行为个体加入该类群体，或通过为群体树立积极的社交观，引导群体成员抛弃以欺凌操控他人获得权力的观念，改以友善、尊重的群体规范，从而从整体上减少欺凌发生。对于欺凌者中不受欢迎、遭受排斥、被边缘化的个体，引导其加入积极群体，通过群体影响改变其观念，使其明确欺凌不是获得群体权力地位的有效手段。对于受欺者，引导其建立积极紧密的友谊关系，提倡受欺者组成群体，互相支持，规避遭受欺凌的情境，降低遭受欺凌的可能性。

除此以外，教师应在班级中以身作则，树立尊重、平等、公平、友善的班级风气，在班级群体规范中强调获得高地位等级与欢迎度的方式应是相互支持而非相互对立，严厉禁止一切形式的欺凌行为，通过在班级中创造融洽的群体社交氛围降低欺凌行为的发生率。

（三）理性行为理论

理性行为理论由社会心理学家艾奇森（I. Ajzen）与费什贝恩（Martin Fishbein）于 1967 年首次提出。该理论源自态度理论（The Theory of Attitude）。早期的社会心理学家对态度的研究抱有极大的热情，奥尔波特（W. Allport）表示："态度可能是美国当今社会心理学研究中最独特、最不可或缺的概念。”[①]社会心理学家认为，态度为人类行为的研究提供动态因素，为行为倾向的预测提供可靠的标志物。奥尔波特认为，理解态度就可以理解个体的行为决策过程。

然而，研究者早期对态度的尊崇并没有完全在后期的试验与研究中得到验证。勒温对以态度作为行为预测的认知变量标准持怀疑态度，并且认为无法预知的事件（如临时会议、事故、病患）可能闯入生活领域而改变本可预知的行为。[②] 之后的研究也证实，仅靠态度来预测行为是非常困难的。因此，研究者对态度的研究渐为理性，态度对行为的预示性是肯定的。然而，预测能力的大小可能根据情景的不同而变化。研究者发现态度的不同表现形式会影响态度与行为的一致性。当态度是坚定的、有意识的、内在一致时，态度就能够预测行为。而态度对行为的预示性与两者的兼容性有关，当态度与行为的专一性一致、针对同一目标时，共享的情感意义大于认知意义，通过态度也能够预测行为。

虽然态度与行为的内在联系被一致肯定，但后期的研究重心逐渐从态度转向情境。研究者发现，行为的发生与情境的强弱有关。强势情境（strong situations）会诱发个体做出最合适

---

① W. Allport, *Handbook of Social Psychology*, MA: Clark University Press, 1935.

② K. Lewin, *Field Theory in Social Science: Selected Theoretical Papers*, NY: Harper, 1951.

的行为来回应期望,只需要具备一般共有的技能就可以鼓励适合的行为回应。而弱势情境(weak situations)对合适的行为没有统一的期望值,对行为表现无法提供足够的激励,不为行为的成功发生提供条件。在弱势情境中,态度与个人特质对行为的预示性更加明显,而强势环境对行为的发生产生限制,因此不能很好地预示行为。

1.理性行为理论的基本观点

理性行为理论基于人类的行为通常是由理性支配的假设。个体在实施行为前会考量现有信息,并考虑行为后果。理性行为理论认为,除有不可预知的情况外,个体通常会依据自身的行为意向行事。行为意向由两个因素决定,一为行为态度(attitude towards the behavior),二为主观规范(subjective norm)。行为态度与主观规范作为行为意图的两个方面对行为的影响有所不同,当主观规范处于强势时就会创造"强势环境",此时个体行为的最终结果在更大程度上取决于其他重要人物对行为的期望,而不是个体自身对行为的态度。当某一行为被认为是符合社会期望、规范认可、政治正确时,个体在无明确态度偏好的情况下会实施该行为。相反,当主观规范处于弱势地位时,会创造"弱势环境",处于其中的个体可以自由依据个人态度观点行事,态度对行为的预示性呈现显著性特征。[①] 综上,当个体对行为的考量结果是积极的并且相信其他重要人物认为应该实施此行为时,个体通常将付诸行动。

对行为态度与主观规范进行更深探究,行为态度可视为个体对行为结果与行为关系的考量。具体而言,每当行为出现同一显著结果时,个体就更加相信该行为会导致此结果。在可信度及考量结果被多次强化后,再加之对行为结果的总结,即可以得出个体对该行为的显著信念(salient beliefs)。当个体相信实施某一特定行为会出现积极的结果时,个体对实施该行为会持有赞同态度;反之,当个体相信某一行为会导致消极的后果时,个体会持有拒绝的态度。这种构成个体行为态度的基础信念称为"行为信念"(behavioral beliefs)。综上,通常情况下,当个体认为重要他人赞同其实施某一行为时,个体会感受到执行此行为的社会压力。相反,当个体认为重要他人不赞同实施某一行为时,个体会形成主观规范抑制此类行为的产生。

2.理性行为理论的发展演化

随着行为理论研究的深入,学者发现,想要更加准确地预测行为,不仅需要对行为意图进行评估,还需检测个体对行为的发生是否有一定程度的掌控。此时,理性行为理论中的行为意志

① D. S. Wallace, et al., "Which Behaviors Do Attitudes Predict? Meta-analyzing the Effects of Social Pressure and Perceived Difficulty", *Review of General Psychology*, 9(3), 2005, pp.214-227.

不足以预测行为的发生，个体对行为的控制即“感知行为控制”(Perceived Behavioral Control)概念被引入作为对行为的补充预测因素。与行为控制紧密相连的是为行为的实施所进行的足够的计划。这里的计划包括一系列行为意图，当付诸实施时，预期能够达到期望的行为目标。鉴于此，扩展后的理性行为理论称为“计划行为理论”。

由此，社会行为的成功实施取决于个体对可能干扰意图行为实施的内、外部因素的控制力。此类控制包括完成行为所需的技术、能力、意志或机会。但是，当这类因素对行为的成功实施影响可忽略不计，并且行为失败并不是重要考量因素时，行为可以被视为处于意志控制中，此时行为发生的最直接决定因素即为行为意图。因此，理性行为理论可以看作计划行为理论中的特例。当行为发生的主观意识及对行为的实际控制较弱时，应考虑用计划行为理论进行预测与分析。[①] 计划行为理论最为广泛运用的领域为与健康相关行为的预测，如减肥、戒烟、避孕、运动等。该理论也被运用于对反社会行为的预测及预防，如网络欺诈、酗酒、药物滥用等。[②] 在校园欺凌行为的预测与预防中，此理论的优势尤为凸显。萨米瓦利强调在欺凌事件中的主

① I. Ajzen, “Martin Fishbein's Legacy: The Reasoned Action Approach”, *Annals of the American Academy of Political & Social Science*, 640(1), 2012, pp.11-27.

② R. Grieve, et al., “Cyberfaking: Intentions to Fake in Online Psychological Testing”, *Cyberpsychology Behavior & Social Networking*, 16(5), 2013, pp.364-369.

观规范，如同伴影响或旁观者效应对欺凌事件的发展具有举足轻重的作用。对计划行为理论的三个重要因素——行为态度、主观规范、感知行为控制在青少年欺凌行为意图中所起作用的分析，能够为欺凌行为的预防与干预提供重要参考信息。

3.理性行为理论对校园欺凌的问题分析

从行为态度角度看欺凌问题，计划行为理论认为，人们对能够获得称心结果的行为持积极态度，对可能出现不利结果的行为持消极态度。艾奇森在欺凌行为研究中发现，那些认为个体应受惩罚就对其实施攻击性行为的青少年，实施欺凌的概率高于普通青少年。卡尔维特等人在关于电信欺凌的研究中发现，"正当暴力"一栏得分较高的学生，通常持有恰当暴力思想，故而更易参与电信欺凌。①

从主观规范角度看欺凌问题，随着理性行为理论的不断发展与完善，主观规范细化为指令性规范(injunctive norm)与示范性规范(descriptive norm)。指令性规范在情境明确时更有效，示范性规范在情况不明朗时更有效。在欺凌研究中，学者发现，从指令性规范对欺凌行为的影响出发，如果青少年认为欺凌行为与某些协助欺凌的行为合乎道德，那么他们参与欺凌的可能性就大大增加。从示范性规范对欺凌行为的影响出发，研究者发现，校园氛围可以明确预测青少年参与欺凌的概率。当学

① E. Calvete, et al., "Cyberbullying in Adolescents: Modalities and Aggressors' Profile", *Computers in Human Behavior*, 26(5), 2010, pp.1128-1135.

校教师对欺凌行为持中立甚至默许态度时,校园欺凌行为的发生率明显升高。[①]

最后,运用"感知行为控制"概念分析校园欺凌行为。感知行为控制在校园欺凌情境中指青少年对欺凌是否容易实施的判断。研究显示,一部分不参与传统校园欺凌的青少年选择实施电信欺凌,因为网络的匿名性使欺凌行为难于追溯,因此被抓或受到惩罚的概率,即行为的外部干扰因素大大降低。此外,如今不但青少年对电信设备的持有率提高,而且电信交流并不受到学校日程的限制,欺凌者可以随时随地实施欺凌行为,这些特征使电信欺凌行为的实施几乎不存在外部干扰因素。在内部因素方面,电信交流的匿名性导致部分个体自我认知水平降低,从而实施冲动的、攻击性的网络行为。不仅如此,在电信欺凌行为中,欺凌者几乎不能即时观察到受欺者的体验,使得欺凌者无须见证自身行为对受欺者造成的伤害,致使欺凌行为的内部干扰因素减少。因此,就电信欺凌而言,青少年感知行为控制力的大幅度提升是导致其最终实施欺凌的重要因素。

4.理性行为理论对校园欺凌防治的价值贡献

总之,按照计划行为理论,个体在特定环境下的行为受其他个体对该环境应有行为观点的影响。青少年身处学校,教师及

① W. Heirman, et al., "Predicting Adolescent Perpetration in Cyberbullying: An Application of the Theory of Planned Behavior", *Psicothema*, 24(4), 2012, p.614.

同伴对欺凌行为的态度形成校园氛围，会对青少年参与或实施欺凌产生影响。学校政策是否严格禁止欺凌行为，会对欺凌的发生率产生影响。家庭中是否存在欺凌行为或父母对欺凌行为的态度会对青少年欺凌行为产生影响。因此，从计划行为理论出发的校园欺凌防治模式，在学校层面关注学校政策在欺凌问题上的明确态度，要求明晰欺凌行为发生时的处理方法以及欺凌行为发生后的惩罚结果。在中观层面，在学校宣扬对欺凌行为的勇敢干预及对受欺者的帮扶，通过营造和谐校园氛围抵制欺凌。通过学校管理人员及教师的以身作则，使青少年认识到欺凌行为的处理有章可循，欺凌行为的举报有处可去。教师与学校管理人员表明严厉禁止欺凌行为的立场，遇到欺凌问题即时处理，对待欺凌态度不含糊其词或摇摆不定。在微观层面，通过积极同伴的影响在青少年中产生同伴压力，使青少年认为欺凌行为是不被同伴认可的行为，降低欺凌的发生率。以计划行为理论的主观规范为依托，通过同伴积极引导，改善欺凌情况，降低欺凌者再犯率的综合性校园欺凌预防模式已取得一定成效。①

① A. Pikas, "New Developments of Shared Concern Method", *School Psychology International*, 23(3), 2002, pp.307-326.

第二章　OBPP 概述

一、OBPP 的理论基础

OBPP 基于生态系统理论创立，将学校视为一个嵌套着的系统，通过在学校层面改善学校整体氛围，改变各系统间的作用与影响，以减少欺凌发生。同时，OBPP 在班级层面的措施中运用群体社会化理论，将班级视为一种同伴群体构成，将校园欺凌行为视为群体成员不良互动中出现的攻击性行为。OBPP 在班级层面的措施中运用群体社会化理论作支撑，其核心思想是通过群体成员互动行为去伤害化减少欺凌的发生。当班级群体间与群体成员间的互动关系主要遵循和谐友好的理念时，班级群体成员的整体攻击性即下降，欺凌率亦降低。

(一)以生态系统理论为基础

OBPP基于生态系统理论创立。OBPP的实施涉及学校中的各个层面,从学校层面管理者反欺凌政策的制定到班级层面教师反欺凌规范的普及,再到个人层面教师欺凌预防与干预措施的培训,以及家长、社区在欺凌防治中与学校的合作,OBPP将学校视为一个生态系统,将欺凌视为学校整体氛围出现缺陷引发的问题,欺凌的防治基于学校系统间各部分相互作用进行。

OBPP的创立过程即为生态系统理论的有力体现。OBPP创立于挪威。由于三个青少年男孩因长期受欺自杀,社会各界强烈呼吁抵制欺凌,挪威议会发动全国性反欺凌运动,委任奥维斯创立OBPP。如果社会内部的各体系间没有良好的互动,挪威就很难开展与支撑全国范围的欺凌预防运动,也就没有今天的OBPP。[①]

OBPP以生态系统理论为核心,将学校视为一个嵌套着的系统,通过改变系统间的作用与影响,减少欺凌发生。故而,OBPP的首要措施是学校层面的反欺凌改革,具体表现为改善整体校园氛围。学校是儿童与青少年的教育机构,亦是社交场所。在培养学生的智力发展之外,学校还担负着促进学生道德、社交及行为能力成长的使命。生态系统理论认为,学校作为社

① D. Olweus, *Bullying at School*, Oxford: Blackwell, 1993.

交机构的功能对儿童及青少年罪错行为的形成与发展产生重要影响。显然，和谐的校园氛围能够提高学生对学校的认可度，进一步推动学生健康成长。

OBPP 作为典型的综合性校园欺凌防治模式，将欺凌视为学校生态环境的缺陷，将防治目标设定为学校生态环境的整体改善，因此 OBPP 尤为重视学校层面反欺凌校园环境的创建。具言之，OBPP 在学校层面强化反欺凌规范，提高反欺凌认知，减少生生与师生的矛盾，削弱欺凌发生的环境因素；提升欺凌辨识与应对技能，在日常学习生活中融入宽容、同感、责任的社交理念，加强学生与学校间的联结，将激烈竞争型学校环境转化为合作友爱型，其理论依托均为生态系统理论。OBPP 通过全校教职工与学生的全员参与，通过在学校层面发动反欺凌行动、增强反欺凌意识、创建和谐的校园环境以抑制欺凌。此为生态系统理论的根本体现。

（二）以群体社会化理论为辅佐

OBPP 在班级层面的措施中运用群体社会化理论。班级是一种同伴群体构成，青少年时期同伴群体间的攻击性互动是一种正常的互动形式。朋友间玩笑式的攻击性互动通常被称为“打闹”。打闹时的攻击性行为与欺凌的攻击性行为构成类似，但是目的截然不同，欺凌的目的是伤害、操纵与控制他人。班级同伴群体是欺凌的高发群体，通常表现为处于权力强势地位的青少年重复对弱势同伴进行恐吓、压榨与迫害，并以此获得更高的地位等级。

据此，对欺凌的防治可以从两个维度着手。第一，当班级群体间与群体成员间的互动关系主要遵循和谐友好的理念时，班级群体成员的整体攻击性降低，欺凌率降低。第二，欺凌行为的基本特征为权力非衡性，班级群体中地位等级的高低给予了群体成员拥有不同权力的机会。因此，将权力均衡化、引导群体不再将权力欺压作为群体规范、鼓励群体及群体成员间和谐友好共处是减少欺凌的重要举措。

OBPP 班级层面措施的核心思想即通过班级群体成员互动的方式去伤害化减少欺凌。在班级中，班主任教师具有绝对领导力，因此班级层面措施的主要执行者为教师。教师通过反欺凌规范的渗透，引导群体成员用平等互助代替权力欺压作为群体规范。当群体中地位较高的成员不再以权力攻击作为操控或压迫弱势成员的手段，获得群体地位不再需要通过攻击他人时，欺凌存在的情景因素随之减少。当具有攻击性行为的个体不再处于同一群体中，不再强化彼此的攻击性属性，而与积极个体组成同伴群体，遵循和谐友好的群体规范时，其再次实施欺凌的可能性随之降低。

群体社会化理论在应对欺凌问题上的优势还体现在同伴保护对欺凌的预防效果上。当学生在班级中有同伴陪同时，遇到困难更容易得到帮助，其求助请求更可能得到响应。学生处于有能力亦有意愿保护弱者的同伴群体中，其遭受欺凌的可能性大大降低。更多学生加入同伴群体后，保护因素会远超风险因素，从而减少受欺。[①] 因此，OBPP 在班级层面的奖惩措施明确指出，对组织班级全员参与的活动的学生应予以嘉奖。这一措施看似与应对欺凌无直接关联，而实际上正是运用了群体社会化理论中“结伴而行”的理念，使参与活动的学生逐渐培养出友谊，形成同伴群体，群体为弱势个体提供强有力的保护，使其免于欺凌威胁。对于有攻击性倾向的边缘个体，引导其融入积极同伴群体，中和其风险特征，降低其实施欺凌的主观可能性。

同伴保护对欺凌的预防作用还与班级中勇于抵制欺凌及维护受欺者的学生人数有关。欺凌发生时，当班级同伴群体中受欺者的维护人数较多时，欺凌就难以持续。OBPP 在班级中张贴反欺凌规范、普及欺凌常识、强调欺凌危害、提高反欺凌意识等措施均为使平时处于旁观者角色的学生能切身感受到欺凌对受欺者带来的伤害。这些措施的目的是激起同伴群体中作为旁观者的同伴抵御欺凌的勇气及信心。当欺凌者的攻击行为没有得到旁观者的支持反而引起抵制情绪时，其继续欺凌的意愿随之减弱，再次欺凌的可能性也由此降低。

---

① R. S. Newman, et al., “Confrontation with Aggressive Peers at School: Students' Reluctance to Seek Help from the Teacher”, *Journal of Educational Psychology*, 93(2), 2001, pp.398-410.

综上所述，OBPP 以生态系统理论作为理论基础，以群体社会化理论为实践根基，在学校层面、班级层面、个人层面、社区层面均开展细节化的反欺凌措施，通过对群体间及群体内成员间互动属性与方式的控制以及学校生态系统的整体改善，降低欺凌发生率，达到预防与干预欺凌的效果。

二、OBPP 的特征

OBPP 基于生态系统理论创立，是涉及学校、班级、个人、社区多层面的欺凌防治模式。OBPP 视欺凌为学校整体生态环境问题的表征，通过发动学校教职工、学生、家长、社区等多方面合作开展欺凌的有效预防与干预。因此，OBPP 强调校园欺凌的防治需要全员参与，故以“全校、全员、全面”为宗旨制定了四条“指导纲要”。

（一）学校氛围：创建整合生态系统

OBPP 对欺凌的预防是全方位的，其欺凌防治目标的设定具有全面性与持续性。独立欺凌事件的解决是欺凌干预的第一步，能够在短期内看到欺凌预防效果，但是若要取得长期的欺凌防治成果，仍需重视校园氛围的全面改善。因此，为达到长期预防欺凌的目的，OBPP 指导学校要进行全面的生态系统改革。在学校日常生活中，井然有序的课堂对营造良好的校园氛围尤为重要。因此,班级教师应积极营造反欺凌班级环境,监管班级内发生的欺凌行为。此外,对于在课堂与教师监控之外发生的欺凌事件,在场学校职工与其他教师应积极干预。对于没有成人在场的欺凌行为,学生应尽快、如实地向家中以及学校的成年人汇报。从长远来看,通过教师、学生、家长的通力合作,降低欺凌事件的发生率,对学校生态环境进行全面升级,形成全方位的欺凌防治网络,是 OBPP 有效降低欺凌率的重要手段。

(二)教学内容:全科贯通的教学设计

OBPP 的运行注重课程融合。OBPP 对欺凌的防治非一日之功,而是全天候地融合在学校的课程与学生的日常生活中。OBPP 强调,预防欺凌需要在日常的学习工作中循序渐进地进行,对欺凌的干预不可一蹴而就,仅靠几次讲座与指导,可能可以短暂减少欺凌的发生,但是很难从实质上解决欺凌问题。OBPP 提供与各科课程相衔接的内容列表,协助课程教师将反欺凌内容穿插于学科内容中,通过日积月累的浸入式教育将反欺凌的观念贯彻到学生的日常学校生活中,营造和谐的班级与校园环境。

(三)学生角色:校园欺凌应对的参与主体

学校是校园欺凌发生的主要场域,学生以受欺者、欺凌者或旁观者的不同身份成为校园欺凌参与的主要群体。因此,校园欺凌的即时应对主要依靠学生群体的力量。OBPP 重视学生的主体地位,在校园欺凌防治工作开展中,首先关注学生群体的欺凌防治知识普及与应对技巧培训。

首先,OBPP 认为全面了解是欺凌防治的第一课。欺凌表征形式各异,对直接欺凌与间接欺凌、言语欺凌与身体欺凌、传统欺凌与电信欺凌等的处理方式有所不同。OBPP 要求学生了解欺凌的定义,全面认识欺凌,辨识欺凌不同表现形式并且明确不同欺凌行为的处理措施。

其次,掌握欺凌应对技巧。OBPP 制定"六步法"应对欺凌。第一步,制止欺凌;第二步,关怀受欺者;第三步,指出欺凌行为违背校规;第四步,寻求旁观者协助;第五步,报告重要成年人;第六步,避免受欺者再次遭受欺凌。面对同伴争执,要先全面分析判断事件属性,在全面了解事由之后,对于欺凌行为应立即予以制止,并指出其违反规定。如有围观同伴,可寻求旁观者一同抵制欺凌行为,并及早向重要成年人报告。

学生群体是校园欺凌的主要参与者,提高学生群体反欺凌意识与欺凌应对技巧,是 OBPP 干预当下校园欺凌的重要措施。

(四)学校教职工:校园欺凌防治的中坚力量

全校动员是 OBPP 特征的体现之一。欺凌防治依靠单一个体或群体的力量难以实现，OBPP 强调学校不应寄希望于学生自我解决或减少校园欺凌行为，教师应在校园欺凌的预防与干预中承担主要责任。不仅如此，全校全体教职工均应积极参与到欺凌的干预与预防中，在欺凌防治中扮演恰如其分的角色，只有当全校教师、职工、管理人员联结合作，学习辨识欺凌行为，有效制止欺凌事件，用统一地态度与政策处罚欺凌者，才能更好地创建和谐校园环境、维护校园安全。

教师主导是 OBPP 的基础原则之一。学校教职工在校园欺凌防治中皆担任各自不同的角色。班级教师是 OBPP 的主要执行者，从欺凌知识的普及到 OBPP 内容的落实，从班级群体结构的改善到反欺凌活动的组织，从欺凌报告的处理到欺凌事件的现场干预，皆需要班级教师亲力亲为。而学校职工需要在班级教师视线之外的区域积极防治欺凌。无论是学校食堂的员工还是校车司机，都应当在发现欺凌行为时立即制止，及时上报，OBPP 的成功实施不仅需要学校制定明确的反欺凌校规，更需要全体教职工共同参与、统一行动。

三、OBPP 的内容

OBPP 基于生态系统理论创立，将学校视为一个生态系统，将欺凌视为学校整体氛围出现缺陷而引发的问题。因此，OBPP 是以改善学校整体氛围为目标，以“全校、全员、全面”为宗旨，通过发动学校管理者、教师、家长、学生、社区等多方合作，实现有效预防与干预校园欺凌的综合性防治模式。OBPP 的核心理论是重建青少年的校园社交环境以降低欺凌行为发生的可能性。OBPP 主要面向的群体为 10～17 岁的青少年，其目标是通过改善校园氛围，降低已发与即发的欺凌行为并防止欺凌行为再生。OBPP 的实施主体是学校教职工。OBPP 从其核心理论出发为教职工制定了欺凌防治原则。

第一，对学生展示热情与关怀；

第二，严格管控不良行为；

第三，在学生中树立威信，作出表率；

第四，对违反规范的行为实施统一的、非恶意的、非体罚性质的处罚。①

OBPP 的欺凌防治原则是基于生态系统观下群体成员间攻击性互动行为的发展与矫正研究，是 OBPP 实施的根基。② 基于这四项原则，OBPP 从学校、班级、个人、社区四个层面，制定了一系列内容细致、方式明确、可操作性强的措施，并提供翔实的操作流程与步骤（见表 2.1）。

---

① D. Olweus, et al., *Olweus Bullying Prevention Program Teacher Guide*, MN: Hazelden, 2007.

② D. Olweus, *Aggression in the Schools: Bullies and Whipping Boys*, Washington, DC: Hemisphere Press, 1978.

表 2.1 OBPP 实施流程

前期准备	实施流程
成立欺凌防治协调委员会	完善并公布“反欺凌”校规
发放奥维斯欺凌问卷	组织全校主题家长会
OBPP 培训官开展两天委员会成员培训	组建教职工讨论小组
奥维斯欺凌问卷结果分析	处理欺凌报告,干预欺凌事件
全校教职工参与 1 天 OBPP 培训	与欺凌事件参与者家长会谈
向家长发放学生参与授权书	向 OBPP 培训官汇报实施进展
学生与家长参加启动仪式	发放奥维斯欺凌问卷测试实施效果

从流程表来看,OBPP 为学校提供从准备到实施的完善流程指导,使学校可以轻松地按照流程步骤的要求进行操作,避免因实施纲要过于笼统而导致运行失误。在实际操作中,OBPP 的四项原则体现在学校层面、班级层面、个人层面以及社区层面(见表 2.2)的具体措施中。OBPP 为每个层面措施的实施提供详细的指导。

表 2.2 OBPP 四个层面内容安排

层面	内容
学校	组建欺凌防治协调委员会
	在校教职工培训
	发放奥维斯欺凌问卷
	设立教职工讨论组
	建立学校规范,明确奖惩机制
	完善学校监控系统

续表

层面	内容
个人	监管学生活动
	当场制止欺凌
	约谈欺凌当事人
	约谈欺凌当事人家长
	为欺凌参与者提供帮扶
班级	张贴学校反欺凌规范
	定期举行主题班会
	组织家长参与
	建立正面的班级群体规范
社区	定期举行主题家长会
	邀请社区人士加入欺凌防治委员会
	与社区建立反欺凌联盟
	在社区中传播反欺凌知识与应对措施

(一)学校层面

在学校层面,OBPP 的具体措施由八个部分组成。最核心的组成部分是组建欺凌防治协调委员会(Bullying Prevention Coordinating Committee, BPCC,以下简称“欺凌防治委员会”)。欺凌防治委员会的主要职责在于保障 OBPP 所有措施在学校的顺利开展。委员会一般由来自学校与社区的代表组成，通常在 8～15 人，人员包括 1 位学校领导，来自各年级的教师各 1 人，1 位学校辅导员或在校心理咨询师，1 位校职工代表（校车司机、管理员或食堂员工），1～2 位家长，1 位社区代表以及其他有特殊专长的学校职工（如校医、校警）。此外，委员会的成员还可以包括 1～2 位学生代表（通常为高年级学生），或者单独成立学生咨询委员会以保障学生在整体规划及运行中的参与。

欺凌防治委员会成员需要接受两天的 OBPP 集中培训；制定 OBPP 在校实施计划；将计划传达给校教职工、学生及家长；将 OBPP 实施计划与学校已有的欺凌预防及干预方案相衔接；从教职工、学生以及家长处获得即时反馈信息，并依此对实施进程作出调整，最后将实施内容传达到社区。欺凌防治委员会的主席一般为 OBPP 在校联络官（如校辅导员、校领导、预防欺凌专家）。欺凌防治委员会成员在 OBPP 实施进程中定期举行会议，探讨实施细节。

学校层面的第二项措施为针对在校教职工的培训。在前期准备中，欺凌防治委员会成员会对学校教职工进行培训，对重要环节，如在班会中对欺凌内容的讲解会专门开展更为具体细致的补充培训。

学校层面第三项措施为发放奥维斯欺凌问卷。问卷以自陈报告为主要形式，匿名调查学生的欺凌经历。问卷的发放对象通常为三至十二年级的学生（10～18 岁的学生）。问卷发放的时间点为OBPP检验前测与OBPP检验后测。问卷主要涉及的问题包括：学生欺凌或受欺凌的频率；高发欺凌形式；高发区域；学生报告欺凌频率；学生对欺凌行为的想法及感受；学校教职工对欺凌的态度如何等。OBPP通过问卷调查试图获得以下信息：学校受欺学生数；受欺学生的年级与性别特征；受欺时长；受欺恐惧心理；受欺上报率；学校欺凌学生数；欺凌学生的年级与性别特征；高发欺凌形式；高发欺凌区域；学生对欺凌的态度；教职工对欺凌情境干预的可靠度；同伴对欺凌干预的可靠度；学生对学校的满意度。

问卷调查的结果有利于欺凌防治委员会成员建立学校反欺凌规章，加强监控系统，对OBPP的实施作针对性的调整。此外，将部分重要问卷数据在教职工中公布，可以引起教职工对欺凌问题的重视，使之意识到OBPP的成功实施会给全体学生健康成长带来有利影响。将部分数据与家长分享可以提高家长的反欺凌意识，使其明确学校为抵制欺凌进行的具体工作，提升家长的支持度与参与度。

学校层面第四项措施为设立教职工讨论组，其主要目的是方便学校教职工定期深入探讨欺凌现状、总结OBPP实施问题与采取有效预防措施。每个讨论组一般不超过15位教职工，并由1位欺凌防治委员会成员担任组长。

学校层面第五项措施为建立学校规范，明确奖惩机制。OBPP全校反欺凌四项基本规范为：

第一,不欺凌他人。

第二,尽力帮助被欺凌者。

第三,包容被忽视的学生。

第四,及时向学校与家中的成年人报告。

学校对欺凌的公开反对可以帮助受欺者将自身的感受与遭受欺凌的反应表达出来,有助于其更好地释放被压抑的情感,使其有勇气划清不能接受行为的界限,坚定、果断地阐明自身的权利。当受欺者的这种明确表态获得积极回应时,受欺者可获得更多的安全感与控制不良事态发展的能力。学校公开的反欺凌表态让欺凌者认清重要他人对自身行为的消极态度,意识到应该尊重他人的感受与反馈,明确自认为有趣的言行对他人造成的消极影响与伤害。当欺凌者注意到他人对其行为的消极态度时,其欺凌行为就难以持续下去。

在旁观或得知欺凌事件后,告知重要成年人是极其重要的。30%～60%的受欺者没有向家中或学校的任何人报告欺凌事件的经过。通常受欺者不报告欺凌事件是惧怕欺凌者的报复行为,或者欺凌者可能已经威胁受欺者报告的后果。受欺者亦可能羞于承认被欺凌的事实或者认为被欺凌是自身缺陷所致而选择不予报告。有些受欺者不希望家长担忧或者担心家长得知后会引起过激反应而不予报告。部分受欺者或因顾虑报告欺凌事件后教师会公开在班级中谈及欺凌事件,从而加剧自身困窘处境而不予报告。部分受欺者因有过报告成年人却没有解决问题的经历,因此失去信心。鉴于此,将报告欺凌事件作为基本的反欺凌条款是极其必要的,当成年人认真对待欺凌报告、积极有效应对欺凌事件时,受欺者才能真正感受到支持,并敢于对欺凌说“不”。当欺凌者认识到其行为会在相关成年人中引起高度关注并因此受到惩罚时,其实施欺凌行为的危险度即可大幅降低。

因此,OBPP 要求学校设立符合本校学生特点的反欺凌规范。规范内容须符合以下要求:

第一,明确欺凌定义。

第二,重在预防。

第三,融入 OBPP 反欺凌基本规范。

第四,处罚欺凌行为,嘉奖积极行为。

第五,公布欺凌报告与反馈程序。

第六,公布欺凌干预与惩戒措施。

第七,公布本地区内违纪行为处罚条例。

第八,公布本地区内对违法行为或纠纷的处分规定。

学校反欺凌规范须张贴于学校各处。教师就规范内容与学生及家长展开深入探讨。教职工接受培训,以了解规范中推行的奖惩方法。

学校层面第六项措施为建立监控体系。监控体系由学校欺凌防治委员会负责审查与完善。监控系统成员的主要职责是对问卷调查发现的学校欺凌风险区域进行监管。欺凌风险区域一般具有学生多、教职工少或不在教职工的直接视线范围之内以及在场校员工权限较弱等特征。此外，欺凌风险区域并非恒定不变，而可能因为监管加强等原因发生转移。教职工在风险区域的监控中应扮演主动干预而非被动旁观的角色。如果教职工在欺凌行为发生时不适时制止，那么其可能传递欺凌可行、欺凌者不会受罚的信息，给旁观学生造成误解，使旁观者对受欺者的同感下降，进而导致学生支持受欺者以及遵守学校规范的意愿降低。因此，教职工监控者应对欺凌行为给予坚定统一的干预。此时，欺凌者才会意识到欺凌行为是不被允许的，而且会招致惩罚；受欺者才能体会到教职工的支持，增强安全感。当学生旁观者也参与到反欺凌行为中时，校园反欺凌氛围才更加完善。

OBPP 要求学校避免大量学生同时出现于走廊的情形，要求教师在上下课时立于走廊观察学情。在食堂里，安排教师陪同学生用餐，间隔不同年级学生的用餐时间，尽可能避免把用餐桌椅摆放在教职工监控不到的盲区。安排学生形成互助小组，尽量不单独用餐。在使用洗手间时，禁止学生使用地点偏远的洗手间，如厕时禁止锁闭大门，安排教职工在门外监控。在校车上，将反欺凌规范张贴于车内，对校车司机进行 OBPP 培训，安排志愿者监管校车中的学生行为，安排乘车互助伙伴。此外，根据学校功能布局，封闭不使用的隐蔽区域，在走廊中安装镜子，移除室外围栏、草丛等可藏身的遮挡物，减少盲区。通过增设监控系统、加强对危险区域监控以及改良学校设计构造等措施，OBPP 在学校层面有效地减少了校园欺凌的发生。

学校层面第七项措施为启动仪式。学校在正式开始实行 OBPP 时，举行全校启动仪式，详细介绍 OBPP 流程，明确学校欺凌规范与奖惩机制，提升学生防范欺凌的意识。

学校层面措施的最后一步为家长参与。在欺凌的预防与干预中，家长是学校的重要合作伙伴。家长通过加入欺凌防治委员会、参与启动仪式、参加家长会等多种方式与学校共同抵制欺凌。

(二)班级层面

学校层面措施之下为班级层面措施，共分为四项。第一项措施是在教室内张贴与强调全校通用的反欺凌规范，使学生更易参照执行。教师与学生详细探讨反欺凌规范，确保学生明确规范内容，运用统一的奖惩措施推动规范执行。发动班级全员抵制欺凌，鼓励积极帮助学生的友善行为。对于学生的积极行为，比如制止以嘲弄等方式伤害其他同学、向教师报告欺凌事件、向教师及家长报告自己的欺凌遭遇等行为，教师可以酌情给予嘉奖，嘉奖要具体、即时、诚恳、热情。对于学生的不良行为应进行惩罚，惩罚形式应以不具恶意为宜，惩罚内容通常包括口头批评、剥夺特权、损坏赔偿、静坐、谈话、接受监控以及通知家长等。惩罚应适合学生的年龄、性别与性格，与学生的不良行为相关，但秉持“对事不对人”的原则。

班级层面的第二项措施为班级会议。教师与学生定期举行班会、讨论欺凌相关问题是 OBPP 的重要环节之一。举行班级会议的主要目的是建立班集体意识，通过探讨反欺凌规范及奖惩机制，帮助学生明确其在预防与阻止欺凌事件中所扮演的重要角色，以及在欺凌发生时采取的应对解决策略。

班级层面的第三项措施为角色扮演。角色扮演通常在班级会议中进行，其目的是锻炼学生在欺凌情境中生成方案与解决问题的能力。在角色扮演中，学生能够衍生出一系列可以帮助其应对真实欺凌情境的行动。通过角色互换，使学生学会从不同角度看待欺凌问题，培养其同感能力，从而在真正面对欺凌行为时敢于帮助受欺者。

班级层面的最后一项措施为家长会议。家长的参与对于欺凌预防至关重要。家庭是学校抵制欺凌的外延，家长的积极配合能够有效协助教师的反欺凌措施。反欺凌班级家长会是学校与家庭共同抵御欺凌的重要联结站。教师就 OBPP 组织家长会议，帮助家长认清与欺凌相关的问题，并通报学校实施 OBPP 进行欺凌干预的进展，鼓励家长参与其中。当家长明确欺凌的内涵与危害，了解学校就解决欺凌问题作出的努力后，一旦欺凌行为发生，教师与家长的沟通就会更加顺畅。教师通过以欺凌为主题的班级家长会，与家长针对欺凌知识多次沟通，引导家长在家庭中主动与学生讨论欺凌问题，当学生向家长报告欺凌事件时，家长能够慎重应对、恰当处置，而非置若罔闻或过激回应。在班级家长会上了解学校反欺凌人员配置后，家长能够更加快捷有效地向学校教师反映欺凌问题。

（三）个人层面

OBPP鼓励教职工加强对学生的监管，尤其要在欺凌高危区域提高对已知参与欺凌人员的关注度。此外，个人层面最重要的措施莫过于欺凌干预“六步法”的普及。

第一步：制止欺凌（站到欺凌者与受欺者中间，制止旁观者离开）。

第二步：关怀受欺者（站在受欺者身边，通过少量的眼神交流或拍肩膀等肢体动作表达对其的关心）。

第三步：指出欺凌行为违背校规（平静地指出所观察到的言行属于欺凌，阐明此为违反学校规范的行为，是被禁止的行为）。

第四步：赋予旁观者权力（如果旁观者尝试干预，嘉奖其行为；如果旁观者不曾相助，不要进行训斥，平静地指出他们的不作为，在适当的情况下提议旁观者当下应如何帮助受欺者）。

第五步：当场告知处罚结果（首先对欺凌者进行口头批评，但不要训斥并减少其在校活动权限；告知欺凌者其今后行为将受到监管，且不可对受欺者进行报复；通知欺凌者的班主任教师并说明欺凌情况；通知学校纪律督察员；严重欺凌行为应上报欺凌防治委员会）。

第六步：避免受欺者再次遭受欺凌（与受欺者及其家长进行二次会谈；引导受欺者再次受欺时及时报告；引导受欺者融入积极同伴群体，避免被孤立）。

此外，OBPP 规定，在处理欺凌事件时，教职工应当做到：

第一，尽快阻止欺凌行为。

第二，近距离批评欺凌者。

第三，批评时注意眼神交流。

第四，以简洁、清晰、具体的语言叙述问题行为。

第五，坚定处理问题，避免情绪化或空洞的威胁。

第六，向学生所在班级班主任教师汇报情况。

个人层面对欺凌细节化的干预，可以有效降低欺凌的发生率。

（四）社区层面

OBPP 根据美国学校与社区紧密联结的特点将原有的三层面模式拓展，加入社区层面。该层面措施以欺凌防治委员会为基点，要求委员与社区紧密合作，在儿童与青少年聚集区域宣传欺凌辨识与应对技能。欺凌行为不止发生于在校时间，也可能发生在校车上、公园内或往返校途中。当社区成员目睹欺凌行为时应及时制止，尽快报告，保护学生安全，减少校外欺凌发生率。

OBPP 以生态系统理论为基础，视学校为一个生态系统，视欺凌为个人与系统、系统环境间互动不良引发的问题，秉承“全校、全员、全面”宗旨，从学校、班级、个人、社区多层面开展对校园欺凌的预防与干预，是综合性的校园欺凌防治模式。

第三章 OBPP对比优势

随着各国对校园欺凌问题的持续关注，基于不同理论、针对不同群体、应对不同风险、采取不同措施的反欺凌项目应运而生。在诸多欺凌防治项目中，欺凌捕捉项目(Bully Buster Program)与期待尊重项目(Expect Respect Program)建立时间较早，群体针对性较强，其有效性得到实践检验。OBPP与以上两个项目对比，可以进一步证明其“全校、全员、全面”综合性校园欺凌防治模式的优势，为其引入中国内地的适应性与可行性提供对照组数据支撑。

一、OBPP与欺凌捕捉项目对比优势

欺凌捕捉项目是1994年由佐治亚大学创建的欺凌干预项目，目前主要针对的学生群体是小学生，是在美国本土创建的经过有效数据评测的欺凌干预项目。欺凌捕捉项目设立的理论前

提是将欺凌视为一种工具性行为，认为欺凌者实施欺凌是为了获取回报。这种回报可能是有形的，比如索要零钱或者可以更长时间地占有一种玩具、器械，也可能是无形的，比如在同伴群体中享有声望或者对其他儿童享有控制权。因此，如果欺凌发生的情景不再允许此类回报，甚至同样的行为会遭受惩罚并使其付出代价，那么欺凌行为就会失去其存在的土壤，发生率会大大降低。欺凌捕捉项目试图通过改善学校的社交体制，从而使欺凌失去赖以生存的空间。

（一）欺凌捕捉项目

欺凌捕捉项目的核心思想是学校环境的改变比个人的改变更有效，欺凌预防比干预更有效，最重要的是环境的改变需要教师的理解与支持。鉴于此，在项目的主要针对群体上，欺凌捕捉项目选择了学校的教职工。其选择的依据是在帮助学生抵御在校攻击方面，教师是最佳人选。然而，在欺凌问题上，主动进行应对的教师少之又少。研究显示，参与欺凌干预的教师比例仅为 40%。一部分教师在应对欺凌方面采取的被动态度是由于其认为自身不具备抵御欺凌的知识与技能；另一部分教师认为如果对欺凌进行干预可能会导致受欺者遭受更严重的报复行为，或使欺凌行为变得更加隐蔽。但是教师的不作为不但引发学生对教师处理欺凌意愿与能力的不信任，导致其在遭遇欺凌时无处求助；而且还会使得欺凌行为疏于惩治，从而变相纵容了欺凌者的攻击性行为。[①] 由于行为是观察学习的结果，教师管控的缺失变相纵容了欺凌者加剧使用欺凌手段操控与压迫同伴，可能导致儿童把欺凌行为认同为获取同伴群体地位等级、提高受欢迎度的必要手段，从而导致欺凌问题进一步加剧。

教师对欺凌行为的不作为亦可以认为是对自我干预能力的不自信。由于这种行为更大程度上取决于自我意识而非现实环境，因此教师对欺凌行为的积极干预不仅需要具备相关的技能与知识，而且需要明确干预欺凌的重要性以及在欺凌干预上具有较强的自我效能。[②]

因此，欺凌捕捉项目的实施目标是通过改良教职工对欺凌与攻击性行为的应对方式方法，协助教职工与学校管理人员更加有效地降低欺凌等攻击性行为的发生率。欺凌捕捉项目主要从四个方面为教师提供协助：

第一，向教师普及欺凌干预技能方面的知识。

第二，增加教师欺凌干预技能的使用率。

第三，提高教师的自我效能。

① D. Olweus, "Bullying at School: Prevalence Estimation, a Useful Evaluation Design, and a New National Initiative in Norway", *Association for Child Psychology and Psychiatry Occasional Paper*, 23(5-17), 2004, pp.5-17.

② A. Bandura, "Self-efficacy: Toward a Unifying Theory of Behavioral Change", *Psychological Review*, 84(2), 1977, pp.191-215.

第四,降低学校中的欺凌发生率。[①]

欺凌捕捉项目课程包括八个模块的内容。

模块一:提高对欺凌的认知。

模块二:在班级中预防欺凌。

模块三:加固人际网。

模块四:识别欺凌者。

模块五:识别欺凌受害者。

模块六:对欺凌行为的干预与建议。

模块七:对欺凌受害者的帮扶与建议。

模块八:减压技巧。

欺凌捕捉项目课程模块实施目标见表 3.1。

表 3.1 欺凌捕捉项目课程模块实施目标

模块	目标
模块一:提高对欺凌的认知	辨识欺凌、打消错误认知
模块二:在班级中预防欺凌	调动学校管理人员参与欺凌防治
模块三:加固人际网	培养自我效能、学会认识与控制愤怒
模块四:识别欺凌者	了解欺凌形式、欺凌群体
模块五:识别欺凌受害者	明晰受害群体特点,了解受害者需求
模块六:对欺凌行为的干预与建议	实行 4 步"R"原则

① D. Newman-Carlson, et al.,"Bully Busters: A Psycho Educational Intervention for Reducing Bullying Behavior in Middle School Students", *Journal of Counseling & Development*, 82(3), 2011, pp.259-267.

续表

模块	目标
模块七:对欺凌受害者的帮扶与建议	推行帮扶
模块八:减压技巧	压力管理与情感释放

以上八个模块的课程内容通过教师培训研讨会的形式向全校教师传授,传授时间一般为两天。教师培训研讨会后组建教师互助小组,互助小组是欺凌捕捉项目的重要组成部分。教师互助小组一般有6～8位教师,每学年举行8次会议,大概每月举行一次。教师组成可以根据年级划分,也可以根据学科划分。教师互助小组的主要功能有:

• 提醒教师持续关注并积极应对欺凌问题。

• 为教师探讨班级中的问题情况或某位学生的问题行为提供契机。

• 使教师得以比较在欺凌预防方面哪些策略有效,哪些举措有待完善。

• 最重要的是,教师互助小组为教师提供了一个相互理解与支持的平台。[①]

在欺凌捕捉项目课程八个模块的内容中,第一个模块"提高欺凌认识"分为三个部分。第一个部分是帮助教师与学生提高

① H. Fisiloglu, "Book Review: *Bully Busters: A Teacher's Manual for Helping Bullies, Victims, and Bystanders*", *International Journal for the Advancement of Counselling*, 24(4), 2002, p.297.

欺凌问题意识。教师对欺凌问题的不作为，一部分是源于对欺凌问题的广度与深度缺乏认识。第一部分讨论的内容主要涉及与欺凌相关的攻击性行为的课题，如破坏财物、嘲弄、取绰号、威胁、打架、携带武器、学校中的风险区域以及教师在抵制欺凌上能够提供的帮助等。此外，该部分还会展示教师对欺凌问题的乐观态度与欺凌问题高发率的比较，进一步引起教师对欺凌危害的重视。此模块第二部分主要侧重对欺凌定义的明确，其中的关键点是培训教师对玩闹与欺凌行为的区分能力。虽然玩闹与欺凌都具备攻击性特征，但是在玩闹中参与双方的角色是可自主选择以及随意调换的，而在欺凌中，欺凌者与受欺者的角色几乎是持久不变的。此外，打闹中的双方是自主参与到行为中来的，而受欺者一方是被迫进入欺凌情境中的，双方的力量非衡性是显而易见的。在了解如何区分日常的打闹与欺凌行为之外，培训官还会要求教师协助判断学校中的欺凌高发区域，重温学校对欺凌及其他攻击性行为的态度以及应对机制与方案。此模块的第三部分是消除教师对欺凌的某些错误认知。教师的错误认知可能导致其在处理欺凌上的错误行为或者向学生传输错误的欺凌应对态度与方法。此模块着重矫正的教师的错误观点包括：欺凌是童年的正常成长经历；儿童长大就不会再欺凌；一部分儿童生来就具有攻击性；教师不具备干预欺凌的相应技能；对欺凌的干预只能火上加油，使欺凌变本加厉，最好忽视欺凌问题。教师的错误观点成为其不作为的隐藏因素之一。然而，欺凌并不是儿童成长的正常过程，攻击性行为也不是儿童天生具备的习性。成人应教导儿童尊重及友善地对待他人，如果不对攻击性行为加以制止，儿童成年后很可能会持续使用攻击方式，甚至走上犯罪的道路。教师在认真参与欺凌捕捉项目培训后，能够具备干预欺凌的技能，在欺凌问题发生时正确应对干预，否则可能导致欺凌行为的恶化，使受欺者更加无助。

欺凌捕捉项目课程内容的第二个模块为"在你的班级中预防欺凌"。欺凌捕捉项目更注重对欺凌的预防。这一模块的内容侧重于如何调动学校管理人员参与到欺凌预防的行动中，这也是欺凌捕捉项目所看重的重要因素。在这一模块中，欺凌捕捉项目课程内容列举了低攻击率与高攻击率学校管理人员的不同特征。在低攻击率的学校中，管理人员通常具备以下特征：教职工与学生可以经常碰面并能得到校方的帮助；对学校的现状了如指掌；能够意识到学校当下的问题并适时加以解决；对教师与学生的诉求给予公平一致的回复；支持教职工采取行动满足学生的需求。而高攻击率学校的管理人员通常出现的问题为：制定的学校规章制度过于死板、严厉或过于宽松；与教师和学生缺乏互动，对其需求漠不关心；对学校问题的处理政策前后不一；对教师与学生采取过于严格的纪律与惩罚措施；对教师工作缺乏支持。因此，欺凌捕捉项目课程建议教师成为"FAMOUS TEACHER"(明星教师)。"FAMOUS"代表教师在应对欺凌及其他学生问题时应具备的积极素养，其中 F＝Fair and Firm(公平与坚定)，A＝Arrange Reasonable Rules and Consequences(设置合理的规范与惩罚机制)，M＝Model Positive and Respectful Behaviors(作出积极与尊重的行为表率)，O＝Open and Trustworthy(公正严明)，U＝Understand the Diverse Needs and Experiences of Students(明确学生的不同需求与经历)，S＝Show Genuine Interest in Students(发自内心地对学生表达关切)。此外，模块二亦包含帮助学生深入了解欺凌危害与寻求帮助的相关活动介绍。

欺凌捕捉项目课程的模块三为“增强人际网络力量”。这一模块主要涵盖两个部分的内容，其中第一部分侧重于协助教师培养学生的自我效能。此处所指的自我效能在欺凌捕捉项目中解释为对学生在教室或学校中解决欺凌及其他攻击性问题的能力的判断。为此，欺凌捕捉项目培训教师在班级中通过讲述动物故事的方式使学生重塑克服困难的信心。此外，学校中还设立了投递箱，方便学生报告欺凌事件以及寻求帮助。更重要的是，欺凌捕捉项目指导教师通过活动传授学生更积极有效地与同伴互动的七个技巧。

技巧一：坚信非暴力与相互尊重是控制冲突的核心因素。

技巧二：具备较高的情商，使其不但能够意识到自我在困境中的感受，还可以对同伴在同一环境中的感受产生同感。

技巧三：能够控制自我情感与行为。

技巧四：能够与他人交流情感与思想。

技巧五：能够倾听他人。

技巧六：能够通过瞬间思维想到多种解决冲突的方式。

技巧七：能够自我问询，如我的目标是什么？我在做什么？我在做的行为是正确的吗？如果不正确应怎样改正？我改正后的行为正确吗？

模块三中的第二部分是学会认识与控制愤怒。这一部分欺凌捕捉项目的课程内容包括：讲解愤怒控制的动物故事；教师协助学生制作“感受晴雨表”，更好地表达自己当下的感受；通过角色扮演体验不同的情绪以及学会团体合作，相互支持以抵制欺凌。本模块亦培训教师如何在班级中控制冲突，引导学生学会如何寻求帮助和支持、勇于面对困难，以及如何巧用幽默与微笑化解矛盾与规避冲突。

欺凌捕捉项目培训课程的模块四为“识别欺凌者”。这一模块侧重于协助教师识别不同类型欺凌者的特征以及导致儿童出现欺凌或其他攻击性行为特征的风险因素。这一模块培训内容的目的是帮助教师辨别可能导致欺凌发生的风险因素以及以下三种类型的欺凌者：攻击型欺凌者（The Aggressive Bully）、被动型欺凌者（The Passive Bully）与关系型欺凌者（The Relational Bully）。

欺凌捕捉项目将攻击型欺凌者视为最普遍的欺凌者类型。这一类型的欺凌者通常先向受欺者发起攻击且一般具备胆大、强迫、粗暴、冲动、偏执的性格特征。攻击性欺凌者有暴力倾向且控制欲较强，倾向于公开地攻击受欺者，而且乐于操纵他人，此类儿童通常无视受欺者的意图而直接将受欺者的行为视为挑衅性行为，对受欺者缺乏同感。攻击型欺凌者一般采用推搡、踢打、威胁、肢体伤害、财物盗窃、在走廊或厕所围堵受欺者的方式进行欺凌。

欺凌捕捉项目课程中涉及的被动型欺凌者是与攻击型欺凌者共同存在的概念。被动型欺凌者人数较少，通常依附于攻击型欺凌者。此类儿童大多缺乏安全感，较焦虑，一般较赞同攻击或暴力行为方式，希望得到攻击型欺凌者的关注与肯定。此类欺凌者在同伴群体中缺乏等级地位，当发现欺凌行为受到鼓励时会参与其中，所以又被称为“欺凌跟随者”(follower)。被动型欺凌者在攻击型欺凌者不在场时通常不主动实施欺凌，一般采用支持或模仿攻击型欺凌者的行为，以及诸如排挤等间接性欺凌方式向受欺者发动攻击。

欺凌捕捉项目重视的欺凌者类型中，还有一类为关系型欺凌者。这类欺凌者以女生居多，主要利用排挤及操控他人的手段获得高等级地位及权力。常用的欺凌方式为：故意排挤受欺者，散播关于受欺者的谣言与谎言，操纵他人排挤受欺者，威胁受欺者“如不照做就挤出朋友圈”等。欺凌捕捉项目对此类欺凌者的重视源于其欺凌行为的难以觉察性。通常关系型欺凌者的攻击行为大多具有隐蔽性与间接性，对其进行的干预措施成效均不显著。对此，欺凌捕捉项目指导教师将此类学生的欺凌行为看作寻求认可与关注的不良手段，对欺凌行为的干预可以运用积极的同伴互动模式，强调通过支持、尊重与互助获得同伴的关注与欢迎。

为使教师更准确地教导学生识别欺凌者，欺凌捕捉项目为教师可能出现的错误观念给出了正面的引导。对于教师可能出现的错误观点，如欺凌只是孩子的游戏方式，只有男孩才会欺凌，学业压力大导致了欺凌，欺凌受害者一定是自身存在缺陷等，欺凌捕捉项目均给予了解释与澄清，使教师在自身反欺凌技能培养与引导学生反欺凌行动时不会因为观点的错误而事倍功半。

欺凌捕捉项目培训课程的第五个模块为“识别欺凌受害者”。这一模块的目标是帮助教师理解受欺者的处境以及在欺凌互动中受欺者所扮演的角色。由于在欺凌行为中，公开性、肢体性欺凌通常会成为干预项目关注的重点，也较容易在实施干预措施后取得成效，于是这一模块将重点放在欺凌行为中“取绰号”行为上。“取绰号”行为的发生率在所有欺凌行为中居高不下，由于并未对受欺者造成肢体上的伤害，所以容易被教师忽视，但是其对青少年情感与心理造成的创伤却是不可小觑的，此行为产生的恶劣影响可以一直延伸到青少年成年后，属于最普遍、最具破坏性的一种欺凌方式。不仅如此，如果不适时制止，“取绰号”最终可能演变为对受欺者的肢体性攻击。此外，遭受绰号欺凌困扰的受欺者除了忍受羞辱、受到排挤外，还可能遭受嘲讽，财物被盗毁。模块五的设立就是帮助教师将视角转向受欺者，而不再经常性地将注意力聚焦于欺凌者，使受欺者落入被忽视、被遗忘甚至被指责的情境。此外，模块五还积极指导教师通过已有表征识别受欺者，如恐慌，故意躲避厕所或教室某些区域，不参与午餐，无故肢体疼痛，易哭以及逃学。这一模块对欺凌的错误认识进行了整合与分析。对于部分教师可能存在的错误观点，如参与欺凌与受欺凌的都是男孩没有女孩，“取绰号”、散布谣言都是孩子的游戏，欺凌受害者是咎由自取等，进行细致的梳理与解析，使教师可以以积极、正面的态度处理欺凌事件及面对欺凌受害者。

在欺凌捕捉项目的八个模块中，第六个模块“对欺凌行为的干预与建议”最为重要。在这一模块中，欺凌捕捉项目为教师提供了具体可操作的措施来预防以及干预欺凌行为。欺凌捕捉项目将关注点放在教师与欺凌者建立有效联结上。联结的建立需要教师切实认识到欺凌者的行为所反映的深层诉求，即对关注度、报复与权力的渴求。欺凌者行为目的的不同直接影响到教师与其互动方式的不同。当欺凌者的过激行为是为向他人展示自己具备权力而不是无能者时，教师与其联结的方式不应采用“训导式”，而应帮助欺凌者通过其他易于接受的方式获得同伴的尊重和喜爱。欺凌捕捉项目为教师提供了一般情况下应对欺凌行为的 4 步“R”(The Four R’s)原则，其中每个“R”代表一个单词。

原则一:认清(Recognize)问题,保持冷静。

原则二:退离(Remove)现场,理清情况。

原则三:回顾(Review)事件,再次斟酌。

原则四:给予回应(Respond),协助解决。

指导教师在欺凌情境中应首先认清形势,定义情形,当自认无法有效处理问题时,应先从情境中抽离出来,理清关系。通过回顾对问题的处理方式,判断是否合适,确认后再次对问题进行处理。如果不能很好地处理问题,应协助学生寻求帮助。

除了上述身处欺凌情境教师的处理方案外,欺凌捕捉项目还为教师提供了强化欺凌预防言行的措施。在行为方面,欺凌捕捉项目认为教师的正面影响对欺凌行为的减少起着重要作用,指导教师在日常教学生活中做到以身作则、正面影响;引导学生进行冲动控制练习,培养同感,建立自尊自信,训练其社交技能与解决问题的能力。在言语方面,欺凌捕捉项目指导教师适时运用表扬与鼓励,并对两者的运用进行了区分。表扬的优势在于有效引起学生注意,使学生依据教师期望的方式行动。表扬的缺陷在于学生实施行为在很大程度上只是为了获得教师的赞扬,而非真正认为该行为是正确或适宜的,难以帮助学生内化并主动实施正确的行动。相比而言,鼓励更能帮助学生将教师强调的内容内化,使其真正认识到良好表现的重要性,并将良好的表现与自我感知联系起来,从而将该行为转化为自我的行为。但是,欺凌捕捉项目强调单纯的言语强化很难保证行为的改变，需要行为与言语强化并用才能取得更好的效果。

斯凌捕捉项目的模块七是“对欺凌受害者的帮扶与建议”。欺凌捕捉项目否定了帮助受害者会导致其处于更加恶劣形势的错误观点。儿童需要进行专门训练、掌握技能、接受帮扶才有可能不再成为受欺者。在受欺者预防方面，教师可以在班级中积极就每一个模块的内容开展活动，回顾社交技能中对受欺者有利的技能，加强这方面的培养；积极共建相互尊重、和谐友善的班风班貌，建立畅通的矛盾调解机制；发扬班级互助文化，倡导学生在教师不在场的情况下自觉化解矛盾，干预欺凌。在欺凌受害者帮扶方面，正如欺凌者需要学习“情绪管理”一样，受欺者也需要学习自我保护技能以抵御欺凌。当受欺者学会保护自我以后，其无力感会随之减弱，自信心也会随之增强，渐渐地就不再符合欺凌者判断中“适合的受害对象”的标准，从而不再遭受欺凌。对于由于身体特异等难以改变的特点而遭受欺凌的受欺者，应以改善班级环境入手，引导学生以更随和的态度对待同伴，这也是帮扶欺凌受害者的重要步骤。

欺凌捕捉项目的最后一个模块——模块八为“放松与应对压力的技巧”。欺凌捕捉项目的这一模块致力于帮助教师应对压力。欺凌捕捉项目认为压力是生活中必不可少的部分，对于教师繁重的教学生活更是如此，教师应对压力的效率产生两方面影响。第一，当教师长期处于压力中而无法有效应对时，其处理学生事务的能力随之下降，焦虑的情绪影响了教师的精力与活力，使其无暇顾及学生经历的个人危机。第二，在学校中，学生以教师为榜样，如果教师无法很好地缓解自身的压力，学生在承受学业、父母、成长等多重压力而难以释放时，很可能诉诸对他人的公开或隐蔽的攻击性行为。因此，指导教师有效应对压力，不但可以使教师自身受益，还可以将释放压力的积极方式传达给学生，避免消极减压行为的发生。欺凌捕捉项目提供的应对压力的方式包括：放松与冥想，提倡幽默，加强锻炼，不将工作带回家，建立互助小组。

欺凌捕捉项目培训官在为期两天的教师培训中，指导学校教师完成八个模块的培训内容，每个模块的内容侧重点各有不同，在不同层面帮助教师提高反欺凌意识，提升欺凌预防技能，识别欺凌者与受欺者，实施欺凌者干预与受害者帮扶并制定应对压力的对策。每个模块在传输知识的同时，还为教师提供预期目标、讨论话题以及相应的活动内容。培训会结束后，在组建的教师互助小组内部，教师需要就培训内容与实际情况举办至少八次研讨会，探讨如何将培训内容更有效地运用于班级管理与欺凌预防工作中，并就每个教师碰到的不同情境进行讨论，互相支持，共同应对，以期更有效地解决问题。

(二)OBPP 与欺凌捕捉项目共同点对比

OBPP 与欺凌捕捉项目均认为校园欺凌是发生在学校背景下的学生不良互动，两个项目均没有将干预重点完全集中在个体的疏导与帮扶上，而是着眼于校园环境的改变，认为环境的改善比个体的改变更加有效，更有助于降低欺凌的发生率。两个项目均视和谐融洽的校园环境与运转良好的学校体制为减少欺凌发生的核心要素。

在具体实施中，两个项目具有以下共性。

其一，将教师群体视为传递反欺凌知识和技能信息的主要媒介。为此，项目实施伊始，先由项目培训官对教师群体进行为期两天的项目培训。在培训中，除了详细部署各自项目如何实施外，培训内容还包括对欺凌行为的基本知识普及和识别技能培训、欺凌危害的普及、对反欺凌重要性的强调、欺凌者与受欺者的识别、欺凌者与受欺者的干预，以及对各自项目不同欺凌的干预程序和步骤的指导。除了提供信息外，教师还会接受针对培训内容相关活动开展的指导，这些指导协助教师将项目中的反欺凌信息传达给学生。两个项目都强调了教师以身作则的重要性，指导教师在反欺凌行动中起到模范作用，引导学生进行更加积极、友善地互动。

其二，培训教师，使其能够指导学生在日常的学习生活中学会采用积极的方式赢得同伴的尊重与爱戴。作为欺凌情境中的旁观者，不以助长欺凌者气焰的助力旁观者身份参与欺凌，而是运用教师教授的技巧，勇敢地制止欺凌行为。对于已知的欺凌者与受欺者学生群体，两个项目均针对两类人群的干预，专门对教师进行了培训，尤其在帮扶受害者方面，对于受欺者如何避免学校高危区域与高危人群，以及在身处欺凌时如何尽快摆脱困境提供了指导方案。两个项目的核心价值观均以和谐校园为主体，在其培训内容中，对于建设和谐校园的规章与措施都有所呈现。通过建立和谐校园减少欺凌及其他攻击性行为与违规行为的整体发生率，是两个项目最明确的共同特征。

（三）OBPP 与欺凌捕捉项目差异性对比

在 OBPP 与欺凌捕捉项目的比较中，OBPP 的优势体现在三个方面。

其一，在项目成效中，OBPP 在首次挪威试行中的项目效果第三次测试时，取得了被欺凌率下降 64％、欺凌率下降 52.6％的优秀成果。在后期美国各州的大规模测试中，OBPP 在被欺凌率方面取得了下降 27.6％～37％的成果，在欺凌率方面取得降幅 15％～39％的成果。但相比而言，欺凌捕捉项目在欺凌发生率降幅方面的测试成果在试验中未被显著提及，对项目效果的测试集中于教师欺凌预防技能知识的掌握是否加强、教师欺凌预防技能的使用是否增加、教师的自我效能是否有所增长，对班级中欺凌发生率降幅的评测主要以教师的违纪处罚次数为依据。虽然在欺凌捕捉项目实施后，学校以上各项的分值均有小幅提升，但 OBPP 实施后的效果却更加明显，在教师欺凌认知方面，教师反欺凌规范认知率上升 67％，教师对欺凌事件或欺凌报告的处理方式、步骤的明确度上升 78％。教师中认为反欺凌规范已经很好地传达给学生的比例上升 97%，学生与教师积极讨论欺凌问题的发生率上升 14%～131%。换言之，欺凌捕捉项目的成效更多地反映在教师对欺凌认知的提升、对抵制欺凌方式方法知识的获得和学生对欺凌者与受害者的有效识别这三方面，而对于欺凌发生的实际有效降低率，欺凌捕捉项目仍缺乏大规模的数据支撑。[①]

其二，OBPP 与欺凌捕捉项目的差异性还体现在针对群体上。OBPP 从学校、班级、个人、社区四个层面开展了多维度的欺凌预防与干预工作，项目明确将参与人群设定为教师、在校职工、学校管理者、学生以及家长，尤其在学校、班级、社区层面的项目内容中均强调了家长在欺凌防治与预防中的重要性，并详细提供了家长加入欺凌防治委员会参与实际欺凌案件处理的方法，介绍了在欺凌者与受欺者干预中家长所扮演的角色，以及家长在校外与家庭中积极预防欺凌的程序和具体措施。而欺凌捕捉项目在设定中则是将教师作为主要针对人群，并未在全校范围内举行像 OBPP 那样的开启仪式以及项目基本理念与目标的宣讲，而是将教师团体作为主要的信息传播媒介，使得信息的传递仅局限于教师团体，其他在校职工并未能参与到培训中。由于信息载体的局限性，虽然教师通过培训能够明确提高对欺

---

① S. A. Cuffy, *Principals' Perceptions of the Bully Busters Program in Combating Cyberbullying in Elementary Schools*, Dissertations & Theses-Gradworks, 2015.

凌以及欺凌防治方式的认知,亦可以在班级中将相同的知识传达给学生,但若发生欺凌时只有其他在校职工在场,由于信息源的限制,仍然可能出现技能欠缺而无法妥善处理的情况。除此之外,在欺凌捕捉项目测评中,亦有参与者反映项目缺乏对家庭因素的考虑。鉴于家庭不良因素属于欺凌源的一种,对家庭因素的忽视,很可能导致此类欺凌者难于脱离欺凌困境。再者,忽视家长因素可能导致在对欺凌者的干预与受害者帮扶中,教师与家长缺乏沟通,影响对受欺者的帮助。

其三,OBPP 与欺凌捕捉项目的差异体现在对欺凌情境的干预措施上。OBPP 为在校成年当事人提供欺凌干预的六个步骤:

第一步:制止欺凌。

第二步:关怀受害者。

第三步:指出欺凌行为违背校规。

第四步:赋予旁观者权力。

第五步:当场告知处罚结果。

第六步:避免受害者再次遭受欺凌。

此外,OBPP 还要求教师在处理欺凌事件时做到尽快制止欺凌、直面欺凌、言简意赅描述问题行为、以坚定的态度处理问题、向学生所在班级班主任教师汇报情况。因此,OBPP 对欺凌的处理方式可以视为当机立断,争取即时制止和处罚欺凌者,并尽快为受欺者提供帮扶,指导在校教职工以快速但非情绪化的方式处理欺凌事件。而欺凌捕捉项目并不急于要求教师当场处理欺凌事件,而是指导教师先将自己置身于欺凌情境之外,仔细斟酌,在确定能够恰当处理时,再进入情境进行处理。这一做法是存在潜在风险的。当教师在欺凌现场却不及时制止欺凌行为时,学生可能认为欺凌者不会受到惩罚。此举不但可能带给学生欺凌行为是可行的错误观点,而且可能导致旁观者对受欺者的同感下降。当教师斟酌后再次决定介入时,受欺者遭受的欺凌伤害已经形成,并没有起到立即解决欺凌的效果。此外,在对待欺凌者的态度上,OBPP 明确提及应根据反欺凌规范对其进行惩罚,并报告所在班级班主任,对情节严重者应上报欺凌防治委员会进一步处理。而欺凌捕捉项目对欺凌者则以干预为主,要求教师明确欺凌者问题源的类型,试图通过以积极、温和的方式满足欺凌者追求权力或引发关注的欲求,加以自我控制训练,使其摆脱欺凌的恶习。但是,欺凌捕捉项目缺乏对欺凌者的惩戒是否会使旁观者与其他学生误认为欺凌行为无伤大雅,反而可以得到更多关注,继而效仿此类行为?这都是欺凌捕捉项目没有涉及而有待商榷的问题。[1]

综上所述,OBPP 在有效数据的质量、欺凌干预的能力、涵盖群体的范围以及治理欺凌的方式等多个方面均优于欺凌捕捉项目。此外,欺凌捕捉项目主要适用于小学,而 OBPP 适用于

① S. Limber, *Implementation of the Olweus Bullying Prevention Program*, NY: Routledge, 2011.

一至十二年级的所有学生，因此，较欺凌捕捉项目而言，OBPP适行群体更广泛，治理措施更全面，是更有效的校园欺凌防治项目。

二、OBPP与期待尊重项目对比优势

（一）期待尊重项目

期待尊重项目始创于1988年，其前身为“青少年约会暴力项目”（The Teen Dating Violence Program）。期待尊重项目的创建者为位于美国得克萨斯州奥斯汀市的名为安全港（Safe Port，SP）的组织，这一组织的主要职责是为受虐妇女提供紧急避难所、心理辅导、法律与医护援助、过渡期住房以及社区教育等服务，该组织的主要目的是预防与干预家庭暴力以及性暴力。1988年，奥斯汀市当地一所学校要求SP为在校就读并处于虐待型恋爱关系中的女生提供特殊心理辅导，于是SP的两名咨询师在学校建立了每周一次活动的互助小组，并利用在救助成年受虐妇女时获得的资料帮助受虐女生，互助小组很快满员。在帮扶过程中，SP咨询师将已有的约会暴力干预项目与资源相结合，发展出新的帮扶策略。SP组织的互助小组得到学生的积极反馈与参与，于是在第二年将项目扩展至5个学校。到1991年，该项目不仅为受虐女生提供帮扶，而且开设了针对在恋爱关

系中实施暴力行为或在家中目睹暴力行为的男生的干预课程。1992 年,该组织建立了志愿演讲者机制,在各个学校进行关于恋爱关系中的暴力与尊重话题的演讲。1995 年,该项目已经发展为 16 个学校互助小组(其中 11 个受虐女生帮扶小组,5 个暴力男生干预小组),并每月为各个学校提供 20 场左右的课题话题报告会。也是在 1995 年,该项目正式更名为期待尊重项目。当时,一位心理辅导师在完成 24 周的项目咨询后,发现积极参与项目的受虐女生中很多人仍然与施虐男友保持恋爱关系,在问询后得知她们认为男性都是暴力的,他们很可能对恋爱对象施暴。这一情况使辅导师了解到,虽然参与项目的女生掌握了足够关于虐待的知识,也可以很好地识别虐待行为,并且得到了应有的社会帮扶,但是她们对恋爱关系中的行为与互动的期待并没有得到改变。因此,辅导师意识到仅为受虐女生提供教育与援助是不够的,于是该项目的重心转向增加女生对恋爱关系中相互尊重的期望,鉴于此,该项目更名为期待尊重项目,项目内容也随之作出相应调整。

1997 年,期待尊重项目获得美国疾病预防与控制中心的基金资助,用来研发、实施、评估一个初级的约会暴力预防项目,这一项目被称为“期待尊重小学项目计划”。该项目在 6 所奥斯汀市本地小学实施并评估了一个预防项目模型,学校的学生、教职工与家长均参与了试验。该项目创立的前提是小学生遭受欺凌与性骚扰的情况无人问津,导致学生被动认可同伴关系中的虐待行为，为以后恋爱关系中的虐待埋下伏笔。此次项目实施的目标为：

• 加强在校师生对欺凌与性骚扰的认知。

• 增强学校建立安全、平等学习环境的能力。

• 增强学生作为受欺者或者旁观者预防和应对欺凌与性骚扰的能力。

• 增强家长对家中子女间欺凌或子女在学校作为欺凌者、受欺者、旁观者的应对能力。

该项目的实施评估结果显示，在项目实施两年后，学生自陈报告中欺凌他人、遭受欺凌以及目睹欺凌的比例有所下降；学生对不良恋爱关系以及消极性别角色观念的接受度下降；学生出面帮助被欺凌或被骚扰同伴的意愿上升；学生识别性骚扰的能力上升；学生对学校反性骚扰政策的了解加深；学生向家长或在校成年人报告欺凌或性骚扰行为的意愿增加。此次项目的实施证实了期待尊重项目的有效性，2000～2001 年，SP 的辅导员为本市及全美的教育者、心理辅导师以及家长举行了 50 多次培训，期待尊重项目作为学校与福利机构有力合作的典范多次登上《早安美国》(*Good Morning America*)、《美国广播新闻》(*ABC News*)、《今晚世界新闻》(*World News Tonight*)、《奥普拉脱口秀》(*The Oprah Winfrey Show*)等美国知名节目。

期待尊重项目的实施目标包括：

• 帮助青少年走出过去虐待的阴影。

- 提高青少年对平等、尊重关系的期待。
- 加强校园安全与尊重。
- 增强青少年在暴力预防中的带头作用。

期待尊重项目主要由四个部分组成。第一部分为心理辅导与互助小组。此类小组为一至十二年级(小学到高中)遭受过性暴力、家庭暴力或约会暴力以及处于虐待型恋爱关系中的学生提供帮助。第二部分为课堂讲座。项目参与者与志愿者为六至十二年级的学生举办 3 次以约会暴力、性侵、性骚扰以及健康关系为主题的系列讲座。第三部分为“夏季青少年领袖计划”(The Summer Teen Leadership Program)。该计划为青少年领导者提供为期 8 周的带薪实习,在此期间为其提供密集的社会公正与暴力预防培训,并在奥斯汀的夏令营举办地为年龄较小的学生举办互动式欺凌预防研讨会。第四部分为在校教职工培训。该部分为一至十二年级的教师提供预防欺凌、性骚扰与性别暴力的全校通用的策略措施,并为家长提供同样的培训课程。

在第一部分的心理辅导与互助小组环节中,转介到期待尊重项目心理辅导的学生在转介后的 1～5 天内会与 SP 辅导员进行初次会晤,这次会面的目的是让学生明确学校可以为其提供援助,认定学生经历虐待的类型以及与学生核实加强自身安全的办法。在此次会晤中,SP 辅导员会向学生说明自己的身份,解释保密条款覆盖范围,问询学生的受虐经历,制订安全计划保证学生自身安全,根据相关学生的情况作出进一步辅导、参与互助小组或转介其他计划的不同决定。在初次会晤中，学生需填写收诊表，对于进入期待尊重项目的初高中学生，还需填写互助小组参与问卷。

当学生在初次会晤中提及遭受肢体或性虐待经历时，SP 辅导员会向相关机构上报情况并为学生制定安全保障计划。根据得克萨斯州法律，SP 辅导员上报受虐事实后需立即通知学生本人，为家长可能出现的消极反应做好准备。儿童虐待侦查员会在通报事件前先与学生在校进行面谈，掌握学生对通报后果的顾虑，并为其人身安全制定保护方案。

期待尊重项目鼓励学校在施虐成人不在家中居住的情况下向家长通报学生参与期待尊重项目的情况。此举是为了避免施暴成年人得知学生公开家庭暴力情境后对学生实施报复而加重其受虐情况。但是，高中生参与期待尊重项目无须获得家长许可。学校将期待尊重项目纳入整体教学计划中，并在学期初统一向家长征求许可，家长签字同意后学生可以直接进入期待尊重项目辅导、讲座或互助小组。这样做的目的亦是避免学生单独向暴力家长提交参与受虐辅导许可而招致更多暴力。

期待尊重项目为学生提供个人辅导以及小组辅导两种心理辅导形式。个人辅导由持有医师资格证并取得硕士学位的 SP 辅导员为已有受虐记录或在初诊时揭露受虐经历的学生提供，一般 12 周为一疗程，对有特殊需求的学生可以延长辅导时间。SP 提供的这种个人辅导的目的主要是：

• 帮助学生加强个人安全及求助行为。

• 以提供支持的成人角色出现，通过感性倾听和真诚尊重的互动，为学生提供正常关系的典范。

• 使学生认识到受虐经历并非学生自身问题所致。

• 帮助学生通过言语与游戏表达情感。

• 通过游戏与艺术使学生有机会重新获得掌控自己生活的体悟。

• 帮助学生辨识自虐行为并建立健康的应对机制。

• 教导学生有权免于肢体与性侵害。

• 教授学生虐待关系与健康关系的区别。

• 探讨受虐经历对学生与他人互动行为的影响和帮助学生与社区的其他帮扶组织建立联系。

SP 辅导员在个人辅导中通常会运用非指导性游戏、艺术互动、书籍阅读的方法，发起对个人安全、界限、受虐与健康关系或同伴关系的讨论，对受虐学生进行心理辅导。

期待尊重项目除了提供个人辅导外，还提供小组辅导。小组辅导通常是针对在恋爱关系或家庭中遭受相似虐待经历的初中或高中学生，对其按照性别进行分开的教导性帮扶。小组辅导为受虐的学生提供了互相尊重、非暴力的和谐环境，有些受虐学生长期参与小组辅导，期待尊重项目小组成为其学校生活的重要组成部分，增强了受虐学生继续留校学习的意愿与信心。

为了保证小组成员的出席率，小组辅导一般利用学校上课时间进行，每次小组辅导时间均与上次不同，以保证小组成员不会总在同一门课程请假，学校在学期初已安排好学生的小组辅导时间表，方便教师为学生安排课程。小组辅导一般以 24 周为一疗程，每个小组由 10～12 个组员组成，小组辅导员在辅导时使用教程用书《期待尊重：安全健康关系建立的小组辅导手册》（*Expect Respect*：*A Support Group Manual for Safe and Healthy Relationships*）来帮助学生获得建立健康关系的知识、态度与技能。每年有 14 个学校共 20 个小组的男生女生会参与到 24 周的小组辅导中。除了辅导外，进入疗程的学生还会参加两项特殊的绳索课程，目的是让组员勇于挑战自我并愿意信任其他组员以完成任务，以及去另一所学校与异性小组成员进行结构性会谈。

小组辅导时，辅导员通常从引入式问题开始，先引导组员进入辅导课题的讨论中，然后再开始每个疗程的活动，鼓励组员参与活动分享，在互动中彼此尊重，随着辅导疗程的进行，组员间的信任感逐渐增强，辅导员的调解功能逐渐减弱，辅导员主要参照教程用书确定每个疗程的话题方向，引导学生分享个人经历，教授应对策略。

除了小组辅导外，辅导员会在学校教职工大会上为教职工普及项目辅导内容以及如何转介学生至个人辅导或小组辅导中。小组辅导的测评通过问卷进行，在小组成员进入辅导之前与结束辅导之后分别进行两次问卷调研，评估参与学生对虐待型关系互动与形式的识别及健康关系特点的认知。此外，小组成员还需要回答关于在虐待中是否会采取自我保护、对恋爱对象使用暴力的态度以及对自我人际关系技能的自信度等问题。此类问题的设置是为了测量参与学生在知识、态度与预测行为三方面的改善程度，得分愈高者愈接近项目预期目标。

小组辅导前后两次问卷的测量结果显示：关于虐待型关系的互动与形式特点的识别，73.3%的女生在参与小组辅导后得分上升，66.7%的男生得分上升；在采取自我保护行动意识方面，50%的女生与56.7%的男生得分上升；在恋爱对象使用暴力方面，51.7%的女生与46.7%的男生得分提高；在健康关系特点的认知方面，34.1%的女生与43.3%的男生得分上升；在人际关系技能方面，56%的女生与44.8%的男生在参与辅导后得分明显上升。但是在每个项目中都有参与小组辅导后反而得分下降的学生，特别在人际关系技能方面，得分下降的男生比例甚至超过了得分上升的比例。对于这种情况，期待尊重项目认为是评测问卷不够标准化与科学化，并于2001～2002年对问卷进行了修订。

期待尊重项目的第二个组成部分是课堂讲座，讲座以一系列三个主题的形式进行。第一个主题为"约会暴力与性侵"，第二个主题为"性骚扰"，第三个主题为"健康关系"。课堂讲座由项目辅导员或经过训练的志愿者主持，举行讲座的目的是增强学生的防侵害意识，提高青少年在面对校园与人际关系中骚扰与暴力侵害时采取适宜行动的信心，讲座主持人在讲座上向学生提供求助热线电话和期待尊重项目设立的相关信息。系列课堂讲座向学生提供了识别虐待行为与寻求帮助的必要信息，此类信息通常是无法通过其他途径获得的。主持课堂讲座的志愿者是通过期待尊重项目教育专员进行招募、培训与监管的社区志愿者，除学校外，志愿讲座主持人还在教堂及其他青少年聚集的场所进行宣讲。新招募的项目成员与志愿者均需接受 40 小时涉及性暴力与家庭暴力所有层面的知识培训才能就职，当志愿者有进行课堂宣讲的意愿时，还需接受额外培训并观摩其他课堂讲座后才能开始宣讲工作。

1999～2000 年，期待尊重项目举办了超过 150 场课堂讲座，有 1 名期待尊重项目教育专员和 21 名志愿者参与其中。课堂讲座的测评是以回访问卷的形式进行的。对第一次课堂讲座的测评显示，讲座帮助青少年识别出恋爱关系中的虐待与尊重的行为特征，辨识性侵行为及给予他人“许可”的含义。此外，学生还反映讲座为其自身或处于虐待关系中的同伴寻求帮助提供了信息。宣讲结束后，35％的学生报告称有过约会暴力或遭遇性侵的经历。第二次讲座测评显示，学生对性侵的内涵更加明确，对遭受性骚扰及目击性骚扰事件的应对措施更加明晰。宣讲后 36％的学生称遭受过性骚扰，76％的学生称目击过性骚扰事件。第三次课堂宣讲后，学生反映讲座使他们认识到人际关系中的重要元素、力量与控制的互动关系以及对约会对象应有的沟通期望。

期待尊重项目与欺凌密切相关的内容主要集中于第三部分与第四部分。第三部分是“夏季青少年领袖计划”。这一计划在夏季招收 13 名青少年学生进行为期 8 个周的实习，在实习期间提供密集的领导力培训并传授在暴力预防领域的工作经历。这一部分项目的目标是使青少年对暴力及压抑相关的问题有更深入的了解，培训其实践技能，为其在校以及毕业后胜任工作奠定基础。在夏季培训中，青少年领导者会学习如何组织两期互动式研讨会，教授儿童预防欺凌的相关知识。每期研讨会通常为 45 分钟，两期研讨会在连续的两天内进行。第一期研讨会主要讲解玩闹与欺凌的区别，帮助儿童识别玩闹行为与伤害性行为的界限。第二期研讨会主要探讨“勇气”这一主题，以及如何在他人被伤害时鼓起勇气进行干预。研讨会的参照教程为《预防欺凌：四、五年级学生反欺凌教师手册》（*Bullyproof: A Teacher's Guide on Teasing and Bullying for Use with Fourth and Fifth Grade Students*）。

期待尊重项目的第四部分为在校教职工培训。期待尊重项目为学校的教职员工（教师、辅导员、管理人员）举办提高反欺凌意识，加强对欺凌、性骚扰以及性别暴力预防培训会。培训内容涵盖欺凌、性骚扰以及性别暴力的发生率，教职工对改善个人及学校环境可以进行的努力。在培训会上，学校教职工学习如何有效应对亲临的或上报的欺凌或性别侵害事件，以及如何预防此类事件再次发生。培训指导用书包括《停手：一至三年级反欺凌教师用书》(*Quit It!：A Teacher's Guide on Teasing and Bullying for Use with Students in Grades* K-3)、《防治欺凌：四、五年级学生反欺凌教师手册》(*Bullyproof：A Teacher's Guide on Teasing and Bullying for Use with Fourth & Fifth Grade Students*)、《玩闹还是伤害：六至十二年级学校学生性骚扰预防教师手册》[*Flirting or Hurting?：A Teacher's Guide on Student-to-Student Sexual Harassment in Schools* (*Grades* 6-12)]以及《性别暴力与性别公平：七至十二年级跨学科教师用书》[*Gender Violence/Gender Justice：An Interdisciplinary Teaching Guide for Teachers of English, Literature, Social Studies, Psychology, Health, Peer Counseling, and Family and Consumer Sciences* (*Grades* 7-12)]。培训会不但在学校中举行，还在区域内各学校代表会议以及州或国家会议中进行。培训指导用书的主要作者斯坦博士(Dr. Stein)是培训会的首席发言人。

(二)OBPP与期待尊重项目对比优势

虽然同为欺凌预防项目，但是OBPP与期待尊重项目在诸多方面不尽相同，两者的主要区别体现在以下几方面。

其一，OBPP的创建是为了响应校园欺凌事件导致学生自杀而引发的恶劣影响，其预防与干预欺凌的项目宗旨是明确的。

而期待尊重项目创建的初衷则是为了应对学校学生在个人关系以及家庭关系中的虐待与暴力情况，项目的关注点是防治以性别、种族等原因实施的欺凌行为对欺凌的预防是因为欺凌行为，也属于学生间侵害行为的一种形式。这一区别使 OBPP 与期待尊重项目在干预问题行为时的处理方式存在很大差异。在 OBPP 中，一般对欺凌者的干预行为包括：口头训诫；限制学生参与部分学校活动；就欺凌事件与学生进行跟踪会谈；对于情形较严重的欺凌问题，教师会选择上报欺凌防治委员会并通知家长参与欺凌问题会谈；对于性质极其恶劣、触犯当地法律的欺凌行为，学校负责教师会通知校警并上报相关部门处理。但是在期待尊重项目中，由于项目初衷是抵制性侵、约会暴力、性骚扰等对学生形成严重侵害的罪错行为，因此在课堂讲座或初次会晤中接到学生报告后，辅导员有权利亦有义务向相关部门汇报，相关部门会派调查员至学校与学生会谈了解情况，并对施暴者进行处置。学校向家长报告亦是以家长不会对学生施以二次伤害为前提。换言之，在 OBPP 中，欺凌者是以问题青少年的身份接受处罚与帮扶的，而在期待尊重项目中，加害学生是以罪错青少年的身份来接受干预的。因此，就欺凌预防与干预项目而言，OBPP 的针对性更强，处理方式方法更全面，对待欺凌行为的处罚态度相对较为宽松，更适合对在学校发生的因多变性、叛逆性、不良行为倾向而导致的青少年欺凌事件的干预。

其二，OBPP 与期待尊重项目预防和干预的欺凌重点类型不同。作为以反欺凌为初衷与工作宗旨的项目，OBPP 着重强调对欺凌行为的识别，将欺凌行为与同伴纠纷区分开来，在欺凌类型的讲解中，涵盖了所有已定性的欺凌类型，包括身体欺凌、言语欺凌、社交欺凌、网络欺凌，亦包含威胁、损坏盗窃财物、散布谣言以及性别、种族、原籍而引发的欺凌行为。OBPP 对欺凌者实施欺凌的缘由与目的、欺凌目标的选择等一一加以诠释。针对不同的欺凌者类型，OBPP 指导教师的干预方式有所不同。但是在期待尊重项目中，其对欺凌的关注源于欺凌与骚扰以及校园暴力间的内在联系。项目认为早期遭受欺凌的儿童在青少年时期更可能成为暴力行为的实施者或受害者，因此其关注的欺凌类型主要是与性别、性取向、种族、残疾、阶层有关的攻击性行为，对于“取绰号”等言语欺凌行为涉及甚少，对欺凌行为的干预范围不够全面，对欺凌者类型的针对性过强，对于学校层面的全面欺凌预防与干预不具备足够的整体性优势。

其三，OBPP 与期待尊重项目较显著的差异是两个项目的试行范围。OBPP 作为从挪威创建的项目，经过近 10 年的多次验证后被引入美国，通过较好的本土化改良工作（社区层面措施的添加即为美国版 OBPP 的典型特征），适应了美国的教育与学校环境，并在美国多个州进行了大规模的试验与再验证，获得了积极的效果。相比而言，期待尊重项目虽然是美国本土的反欺凌项目，但是其主要实行的区域为得克萨斯州奥斯汀市，其在美国其他州教育环境与法律规章不同的情况下是否能够适行并取得积极的项目效果还有待验证，因此在项目适用性及有效性方面，OBPP 的确占有较大优势。

综上所述，在与美国现行的其他两个欺凌预防与干预项目——欺凌捕捉项目与期待尊重项目的各方面对比中，OBPP 在广泛性、针对性、专业性、适行性、全面性、推广性等多个方面显现出较大优势，在同类欺凌预防与干预项目中具有更强的可塑性、适应性与实践力。

第四章 OBPP 有效性检验

本研究团队通过数据分析选取对象，对 OBPP 有效性进行检验。通过对校园欺凌研究领域高产研究机构的整理，能够发现长期关注校园欺凌并取得较多研究成果的机构，从而发现该机构及其主要研究人员在校园欺凌的理论研究拓展与现实干预实践中作出的突出贡献。因此，OBPP 高产研究机构为本研究对 OBPP 验证对象的选择提供了参考。运用 CITESPACE 文献计量软件，以 OBPP 为关键词，对 21 世纪以来发文量最高的研究机构进行分析，得出伊利诺伊大学是发文量第一的研究机构，也是发文量最高的学者埃斯皮莱奇教授所在的研究机构。研究机构的发文量可以从侧面体现出该机构学者在本领域的科研活跃度及认可度。以生态学为框架，系统地对美国学校中校园欺凌问题进行阐述，并重点分析 OBPP 有效性的《美国校园欺凌：生态系统观下的预防与干预》(*Bullying in American Schools*: *A Social-Ecological Perspective on Prevention and*

Intervention)一书,正是由以埃斯皮莱奇教授为主的三位伊利诺伊大学教授与发文量较高的美国疾病预防与控制中心的学者联合编著。换言之,伊利诺伊州的研究成果可以较好地展现当代校园欺凌领域的研究现状。此外,伊利诺伊州作为美国第一个建立少年法院的州,其少年司法体系完善度高。该州在反欺凌方面较早颁布相关法律,涵盖欺凌界定、范畴、行为、惩治等条款,完善度在美国各州中评级为A级,且配备政策支撑。最重要的是,OBPP在伊利诺伊州还未有过大规模试行研究。因此,本研究选取伊利诺伊大学学区中学作为OBPP验证学校。由于该州反欺凌法案中着重提到校区联合的重要性,为适应该州以及美国普遍存在的学校与社区紧密依存的特点,将OBPP的实施维度扩展为学校、班级、个人、社区四个层面。

一、有效性检验的研究设计

试验学校自2016年8月开学展开OBPP验证,为期一学年,至2017年6月结束。此前试验学校未实施过OBPP或其他校园欺凌防治模式。试验学校学生分别于前测与后测完成两次奥维斯欺凌问卷。学生完成前测问卷的目的是检测试验学校师生对欺凌的辨识与防治的认知水平,后测问卷的目的是测评OBPP实施后试验学校欺凌率与受欺率下降的程度与幅度。OBPP实施期间对无关变量加以控制,试验学校主要管理人员没有大幅调换，学校的课程制度与教学计划没有大幅改动，其他无关变量对研究结果产生的影响可忽略不计。

(一)研究对象

在研究对象的选择上，由于目前伊利诺伊州人口中，白人占有较大比例(61.3%)，因此本书选取以白人为主要生源的伊利诺伊大学学区公立学校 G 校实施 OBPP 试验。该校实行一学年两学期制，遵循州统一授课计划与方案，学校为学生提供午餐与校车接送。所选学校采用每科固定教室的方式授课，同时就读同一科目的学生相对固定，每个年级学生的班级意识较强，每个班均配备班主任教师，没有不同年级混班上课的情况，控制不同年级成员频繁互动导致的欺凌因素。研究选取的学生群体为 13～16 岁的学生，就读于该校的六至八年级，共 265 人。G 校所处社区原为中产阶级社区，后因当地政府政策变迁，部分居住在房车中的低收入家庭迁入该社区，使得学生家庭背景多元化。低收入家庭学生占全体学生数量的 18%，略低于伊利诺伊州低收入家庭率平均值(23%)；中等收入家庭学生占全体学生数量的 37%，低于伊利诺伊州中等收入家庭率平均值(54%)，其余学生来自中产及中产以上收入水平家庭。在种族比例方面，非拉美裔白人学生占比最多，占 79%，混血学生占 7%，非洲裔学生占 6%，亚裔学生占 5%，拉美裔学生占 3%，美洲夏威夷及印第安原住民学生占 1%。学生的性别比例为女生 47%，男生

53%。参与试验的学生中，六年级学生占 43%，七年级学生占 33%，八年级学生占 24%。学生中残疾生比例为 2%，低于州平均水平(7%)。此外，G 校班级平均学生数为 22 人，学生与教师之比为 15∶1，18%的教师具备硕士学历，98%的教师具备 3 年以上教龄，高于州平均值。

(二)研究工具

研究采用的测试工具为奥维斯欺凌问卷。奥维斯欺凌问卷适用于小学三年级至高中的学生。问卷信度与效度经过多年试验检测，均呈现较高水平。问卷由 39 个题目组成(个别题目中包含二级题目)，每个题目有五个程度不同的选项可供选择。问卷通过自陈报告判断学生对欺凌形式与应对的认知。奥维斯欺凌问卷题目囊括欺凌频率，欺凌类型，欺凌时长，欺凌区域，欺凌报告，教师、家长及其他学生对欺凌的应对等诸多方面。在奥维斯欺凌问卷的基础上，为深入探究 G 校师生的欺凌认知与应对情况，研究者与该校分管副校长及两位辅导员开展半开放式访谈。两位辅导员同时担任"健康课"(Health)的教师及学科辅导教师，并依据访谈结果丰富 OBPP 实施措施。[①]

① 健康课包含欺凌应对、心理健康等内容。两位辅导员分别兼任英语课与数学课辅导教师。该州法律禁止在未取得监护人同意的情况下对未成年学生进行访谈、录像、录音。

二、有效性检验的研究问题

试验学校试行 OBPP 一学年，就学校总体受欺率、欺凌率的降低以及不同类型与高发地点欺凌率的下降展开 OBPP 验证。

研究问题一：OBPP 实施后，学生在自陈报告中反映的受欺率是否下降？

研究问题二：OBPP 实施后，学生在自陈报告中反映的欺凌率是否下降？

研究问题三：OBPP 实施后，学生报告的不同类型欺凌发生率是否下降？

研究问题四：OBPP 实施后，欺凌高发地点的欺凌发生率是否下降？

三、检验实施过程

G 校从 2016 年 8 月开学起实施 OBPP，研究期为一学年。OBPP 实施的前期准备分为五步。第一步，成立欺凌防治委员会。第二步，在 G 校学生中发放前测奥维斯欺凌问卷。第三步，欺凌防治委员会成员参与为期两天的奥维斯欺凌预防培训。第四步，在前测问卷结果的基础上与欺凌防治委员会确定

OBPP 最终实施流程步骤。第五步，培训结束后，委员会成员面向全校教职工举行欺凌指导讲座，自此全面实施 OBPP。2017 年 6 月，OBPP 实施完毕开展后测，再次发放奥维斯欺凌问卷。在问卷调研的同时，研究者与相关教师开展访谈。最后，对收集的数据加以整理，得出 OBPP 验证结论。

OBPP 模式验证具体步骤如下。

(1)向学生播放 OBPP 介绍视频。

(2)向家长发放项目授权书。

(3)邀请学生与家长参加项目启动仪式。

(4)在学校张贴学生行为准则及欺凌应对指南(走廊、厕所、体育课、课堂)。

(5)在学校楼梯拐角处镶装欺凌投诉箱。

(6)在每周“健康课”中安排欺凌专题。

(7)申报与选拔学生辅导员。

(8)组织全校主题家长会。

(9)每两周举行一次班会，播放学校自制反欺凌视频。

(10)每两周组织一次教职工讨论小组会议。

(11)欺凌事件处理。

①辅导员每天两次打开欺凌投诉箱检查欺凌报告。

②辅导员与班主任核实欺凌报告源。

③与受欺者谈话，了解欺凌事件经过。

④与欺凌者谈话，了解欺凌详情。

⑤就欺凌事件与参与者家长会谈。

⑥安排社工或心理咨询师为欺凌者/受欺者提供辅导。

⑦根据欺凌行为严重程度给予欺凌者处罚。

⑧高年级学生辅导员帮扶受害者，经双方同意形成伙伴关系，避免再次受欺。

(12)向 OBPP 培训官汇报项目实施进展情况，商讨下一步进展方案。

四、检验数据收集

在开展 OBPP 前，学生与家长均收到学校发出的授权函，介绍 OBPP 内容与实施时限，在家长与学生同时授权的情况下，学生参与此次研究。在两次奥维斯欺凌问卷发放前，学生均观看问卷作答指导短片，由参与 OBPP 培训的班级教师负责为学生解答问卷相关问题。

问卷所得数据录入到奥维斯欺凌问卷专用数据分析库中进行处理。由于缺勤及转学等原因，前测的学生数量与后测的学生数量有小幅差异，参与前测问卷的学生数为 256 人，参与后测问卷的学生数为 234 人，两次问卷的学生参与率分别为 93%与 91%。在征得学校辅导员及副校长同意后，研究者将访谈内容加以整理。

五、检验结果分析

前测与后测问卷结果对比显示，在实施 OBPP 后，受欺学生比例从前测的 34%下降到后测的 15%，欺凌学生比例从前测的 16%下降至 9%，证实 OBPP 有效改善了 G 校学生的欺凌境况。研究者与学校教职工的访谈结果也印证了 OBPP 的有效结论。

(一)相关利益者视角分析

研究者在前测与后测期间对学校相关人员进行多次访谈，受访者为 G 校分管副校长 K.A.，辅导员 M.C.以及辅导者 K.R.。[①] 访谈内容集中于三个方面：学校欺凌政策、欺凌报告机制及欺凌事件处理策略。

1.OBPP 实施前 G 校反欺凌教育状况的访谈分析

此次访谈主要调查 G 校原有欺凌知识普及与学生欺凌知识掌握情况。鉴于学校欺凌相关宣传与课程安排主要由学校分管副校长 K.A.负责，因此与副校长 K.A.展开访谈，访谈内容显示学校设有德育课程，但是缺乏针对欺凌的内容，访谈内容分析如下：

---

① 应校方要求，受访人员姓名以缩写表示。

研究者：学校如何定义“校园欺凌”？

K.A.：这个在《伊利诺伊州教育法案》中有规定，针对一个或多个学生进行的，性质一般或恶劣的，以人身行为或言论表现（包括书面或电子通信）为形式的，导致学生人身或财产受到损伤、心理健康受到伤害，影响学生的学习成绩或干扰学生参与学校活动的行为。

研究者：校车及网络上发生的欺凌事件是否被归为校园欺凌？

K.A.：在校车上以及网络上发生的欺凌事件均归为校园欺凌的范围。但是电信欺凌多发生于课外时间，因此报告率较低。根据《伊利诺伊州教育法案》规定，严重的电信欺凌可以向警方报告，由警方处理。

研究者：学校开学时是否向学生发放反欺凌相关知识手册？

K.A.：学校在开学时会向学生发放《学生手册》，其中“纪律与处罚”章节有涉及欺凌违规行为的处罚措施。

研究者：学校是否有介绍欺凌相关内容的课程？使用的什么教材？

K.A.：根据伊利诺伊州规定，学校开设“健康课”。“健康课”由辅导员教授，课程内容由辅导员选取。辅导员选择的教学用书《高效青少年的七个好习惯》（*The 7 HABITS of Highly Effective TEENS*）中的第一个习惯“Be proactive”(未雨绸缪)、第四个习惯“Think win-win”(利己利他)、第六个习惯“Synergize”(团体协作)间接教导学生不将“欺凌”作为同伴互动的手段。

研究者:此类课程是否为必修课?学分多少?多久上一次课?

K.A.:“健康课”为学生必修课程,学分为 0.5 学分,学生每周上一次。

上述访谈摘录显示,G 校对校园欺凌的定义较为笼统,学校并无针对欺凌的纪律规章,学生对欺凌了解程度较低,学校课程中缺乏专门为欺凌设计的内容。

2.OBPP 实施前 G 校欺凌上报制度的访谈分析

访谈调查 G 校欺凌上报制度流程设置,为建立更加合理有效的欺凌上报机制提供参考。由于欺凌的上报与处理主要由辅导员负责,因此与辅导员 M.C.开展访谈。访谈结果显示,G 校尚未建立欺凌上报制度,教职工对欺凌报告的处理存在疑虑,访谈分析如下。

研究者:学校是否有“反欺凌”办公室?有几位教师负责?

M.C.:目前没有设置“反欺凌”办公室。学校的辅导员负责欺凌事件的处理,对于严重的欺凌事件,辅导员会向分管副校长汇报。

研究者：学校每学期收到多少欺凌报告？

M.C.：我们每周收到 2～4 次欺凌报告，但是以学生间争执居多。

研究者：你认为实际的欺凌发生数量高于还是低于报告数呢？

M.C.：应该是比实际的少。

研究者：学校是否有欺凌上报流程？什么流程？

M.C.：欺凌事件发生后，学生可以向任课教师、辅导员或直接向分管副校长报告。

研究者：教师在接到报告后是否核实报告属实？怎样核实？

M.C.：教师在接到欺凌报告后会反映给辅导员，辅导员会找到参与欺凌的学生进行问询。

研究者：欺凌参与双方一起问话还是分开问话？

M.C.：一起问话，问清事情原委。

研究者：在对欺凌事件的调查中，如何避免对受欺者的二次伤害？

M.C.：在事件调查中，这种情况很难避免。

从访谈结果来看，虽然学校教师意识到欺凌的报告率低于实际发生率，但并没有增添学生报告欺凌的有效途径，欺凌的报告与核实没有固定的流程可供参考。在核实欺凌属实性时，将欺凌者与受欺者置于一室，用处理同伴争执的方式处理欺凌，与

OBPP 应对欺凌纲要的规定——“将欺凌解决与同伴调解相区分”相悖，正如辅导员 M.C.所言，这种核实方式使受欺者不可避免地遭受二次伤害。

3. G 校原有校园欺凌应对政策的访谈分析

研究者与 G 校辅导员 M.C.就 G 校原有校园欺凌处理应对政策进行访谈。访谈显示，学校对欺凌行为的处理无章可循，但具备专业的辅导与干预人员，一旦确立成熟的欺凌应对机制，能够有效地应对欺凌，访谈分析如下。

研究者：学校是否实行“零容忍”政策？

M.C.：“零容忍”政策是指什么？州去年颁布的“学生停课、开除以及学校处罚的规定”[①]对学校以停课或者开除的方式处罚学生作了严格的规定。学校很难开除学生，而且对于一些问题学生，对其停课并不能达到惩罚的目的，反而方便他不来上学，成为对他的一种变相鼓励。所以，“零容忍”很难实行。

研究者：目前学校对欺凌的应对措施是什么？

M.C.：上学期发生过一起欺凌事件。一个女生在上学放学途中对另一个女生多次以口头辱骂、威胁的方式实施欺凌，经过学生报告，在了解情况后，辅导员通知学生家长，每天放学后该生不得跟其他学生一起回家，而是等她妈妈

① 105 Illinois Compiled Statutes § 5/10-22.6(d-5). Suspension or Expulsion of Pupils.

来接她。

研究者：是让受欺者的妈妈每天来接她吗？

M.C.：不是呀，那就变成惩罚受欺者了，是让欺凌者的妈妈每天来接她回家。她需要每天坐在接待室的凳子上等妈妈来接。

研究者：除了惩罚措施，学校是否为欺凌者与受欺者提供心理辅导？

M.C.：我们学校与本校区的另外一所学校共用一位社工和一位心理咨询师。对于有需要的学生，心理咨询师会为其提供辅导。但是对于有较严重问题的学生，一般会与家长沟通，为学生在专业心理诊疗机构寻求帮助。在我任教之前，有一名学生因存在较严重的问题转入了特殊学校学习。

访谈结果显示，学校具备对欺凌者与受欺者实施心理咨询与辅导的能力，只是缺乏完整有效的校园欺凌干预机制。

综上，在前测访谈中，研究者了解到G校教师与学生原有的欺凌知识普及度、G校原有的欺凌报告流程与基本应对机制。访谈结果显示，G校具备有效应对欺凌的条件，OBPP的实施可以帮助G校师生进一步深化反欺凌思想，完善欺凌应对机制。根据访谈中呈现的问题，为使OBPP实施更有效且更具针对性，在G校OBPP实施中增添两项细节性措施以协助欺凌防治工作。

第一，增添有效欺凌报告渠道。访谈结果显示，学校管理人员认为欺凌报告率低于实际发生率，主要原因是欺凌报告渠道保密性与畅通性欠佳，尤其考虑到受欺者对公开走进辅导员或副校长办公室汇报欺凌存在诸多顾虑，因此决定在每层走廊拐角处设置“欺凌投诉箱”(Bully Box)。箱体形似小报箱，纯黑色，带锁，投入其中的欺凌报告无须留名，辅导员每天早晚两次开箱查看，收到报告后会第一时间进行核实处理，为教职工及时了解欺凌情况并依照 OBPP 步骤采取干预措施奠定基础。

第二，建立学生辅导员制度。OBPP 在班级层面的措施中提出积极同伴对减少欺凌的有利影响。结合访谈结果与后期探讨，学校管理人员认识到同伴力量对减少欺凌再发尤为重要。G 校目前对欺凌的后期处理仍限于教师与学生之间，还应增添“学生—学生”行为，强化再欺凌预防的效果。因此，学校在高年级学生中征聘学生辅导员，为需要帮助的学生提供积极引导。学生辅导员主要以“毛遂自荐”的方式申请。申请者必须各科成绩始终在 C 及以上(70 分及以上)。此外，申请者还需填写学生辅导员申请表，说明申请当学生辅导员的理由、适于做学生辅导员的优势与经历、教师推荐理由等。申请表需学生本人与家长同时签字，送至辅导员办公室审核，通过后正式入档。学生辅导员的职责是在学生需要帮扶(如遭遇欺凌)时，为其提供积极咨询、有利引导。

4. G校欺凌防治规范建立的访谈分析

后测访谈是对问卷调研的补充，调查OBPP实施对G校校园欺凌防治进展的有利影响。此次访谈涉及G校反欺凌规范的完善，受访者为分管副校长K.A.。访谈结果显示，G校根据OBPP要求制定细节化的《学生行为规范》，并张贴于学校各层醒目位置，保证学生行为有章可循，教师处理有规可依。此举对欺凌行为预防起到积极有利作用，访谈分析如下。

研究者：学校层面有哪些反欺凌措施？

K.A.：我们在学校各处张贴《学生行为规范》，时时提醒学生杜绝不当言行，禁止欺凌行为。《学生行为规范》张贴区域主要为欺凌风险区域，体现"尊重、责任、安全、互助"的主旨。

"走廊行为准则"强调：文明用语、控制音量、爱护公物、请勿奔跑、谨言慎行、保持警惕、在必要时帮助他人。

"厕所行为准则"强调：文明用语、控制音量、尊重隐私、爱护公物、保持整洁、谨言慎行、如有安全隐患及时报告。

"体育课行为准则"强调：服从指挥、保持整洁、文明用语、保护个人财务、发扬体育精神、正规使用肢体与体育器械、在规定区域活动、向教师报告危险情况。

"课堂行为准则"强调：尊重同学与教师、适时发言、保持整洁、爱护公物、文明坐姿、谨言慎行。

研究者：学校是否增设反欺凌课程内容？此类内容是

在学生必修课程中还是在选修课程中？

K.A.：我们每隔一周的“健康课”安排欺凌专题，从欺凌的定义开始，涉及欺凌的应对、欺凌的预防等内容。“健康课”是必修课程。此外，我们每两周会举行一次班会，在班会中会播放学校自制的欺凌知识视频，由学校自己的教师参与拍摄及制作，让学生感到亲切的同时认识到欺凌的危害及如何应对。

此次访谈结果显示，OBPP 实施后学校的反欺凌普及措施已经较为完善，不但在课程中加入专门的欺凌知识与应对内容，在学生的日常生活中亦随处可见反欺凌行为规范，时时处处提醒学生使用恰当的言行，有效营造积极健康的校园氛围，为欺凌行为的干预与预防奠定扎实的基础。

5. G 校欺凌报告流程与应对机制改善的访谈分析

此次与辅导员 K.R.的后测访谈涉及欺凌的报告流程与应对机制。访谈结果显示，通过加设欺凌投诉箱，学校欺凌报告核实率大幅上升；通过对辅导员开展专业培训，提高其对欺凌信息的处置能力，使其对欺凌的干预更加高效，访谈分析如下：

研究者：OBPP 实施后收到多少欺凌报告？

K.R.：每周收到 1～2 次欺凌报告。在学校设置“欺凌投诉箱”后，约 1/3 的欺凌报告来自“欺凌投诉箱”，其中 70%～80%经核实确为欺凌行为。虽然“投诉箱”中的报告核实难度较大，需要辅导员与班主任教师多次沟通，但是这种欺凌报告渠道的有效性明显优于从前的方式，值得坚持使用。

研究者：OBPP 实施后，辅导员怎样核实欺凌报告的属实性？

K.R.：我们会将欺凌者、受欺者分开进行谈话，全面了解事情的起因、经过，在有旁观者的情况下亦会听取他们对事件的描述。

研究者：辅导员如何在此类谈话中避免对受欺者的二次伤害？

K.R.：首先，由于欺凌者与受欺者分开谈话，避免了受欺者面对欺凌者同时接受教师质询时的恐惧感与羞耻感。其次，在接到类似报告后，辅导员会第一时间通知家长，如果学生需要，家长可以陪同学生与辅导员进行会谈，梳理事件经过，判断事件属性，并在需要时安排社工同时出席会谈，给予学生充分权益保障。在确认为欺凌行为后，在学生需要时安排心理咨询师为其提供辅导。

研究者：教师是否教授学生欺凌应对技巧？

K.R.：学校根据 OBPP 的欺凌应对措施，制作了海报，张贴于学校各处，提醒学生注意言行。海报针对欺凌者（或其他形式的攻击者）与受欺者分别给予了行为建议。对于欺凌者，当别人拒绝其不当言行时，应当"停止→冷静→离开”;对于受欺者,当别人做出不当言行时,应当“拒绝→离开→报告”(见图 4.1)。

图 4.1　在 G 校张贴的欺凌应对措施海报

研究者:学校对欺凌事件的处理流程如何规定?

K.R.:学校对欺凌事件的处理基本是依照 OBPP 的指导进行。在核实欺凌事实后,学校会第一时间通知家长,与家长就欺凌事件及后果进行沟通,依据欺凌类型与严重程度对欺凌者进行适当的处罚。对于在校内发生的欺凌行为,欺凌者通常会在一定时间段内被限制参与校园活动。对于在校外(如家校途中或校车上)发生的欺凌行为,欺凌者会被限制与同伴同行或同乘回家,而改由其监护人接送。对于受欺者,在与其家长沟通后,会安排其与学校心理咨询师及社工会谈,了解自身享有的权益。此外,在受欺者同意的前提下,可以为其安排学生辅导员,学生辅导员从高年级同学的经验与角度就如何避免再次遭受欺凌为其提供建议与意见,或者在双方同意的情况下,受欺者与高年级同学建立伙伴关系，通过加强同伴庇护，避免再次受到欺凌伤害。

从访谈结果看出，实施 OBPP 后 G 校的欺凌报告流程出现较大的改观，有效性明显提高，尤其是为响应前测访谈暴露的问题而投入使用的“欺凌投诉箱”，为受欺者提供更为安全有效的报告途径，提升欺凌报告的真实性，为有效干预欺凌行为提供更多可能。在欺凌事件的核实方面，G 校在 OBPP 实施后改变以往低效甚至有害的干预方式，将欺凌者与受欺者分开处置，符合 OBPP 欺凌应对策略。G 校在改变欺凌报告处置流程后，对受欺者的二次伤害度明显降低，为下一步有效处理欺凌事件作好了铺垫。

此外，实施 OBPP 后 G 校制定明确的欺凌应对机制，明晰欺凌处理流程。不仅如此，G 校依据 OBPP 指导纲要制定学生在欺凌现场可以实施的防范与抵制措施，张贴于学校各层欺凌高发区域，使学生的反欺凌行为“有章可循、有本可依”，同时亦营造出重要的反欺凌校园氛围，为旁观者抵制欺凌创造出更加有利的环境。这种和谐校园氛围对减少欺凌的发生起到至关重要的作用。此外，G 校确定了欺凌者与受欺者的后期干预与帮扶机制。根据前测访谈结果制定的“学生辅导员”政策为受欺者提供教师、辅导员、心理咨询师以及社工的帮扶外的同伴庇护。通过积极引导、经验分享、伙伴互助等措施，为受欺者建立起抵制欺凌的“同伴屏障”，有效预防欺凌的再发生以及受欺者的再次伤害。

OBPP 实施前后的多次访谈是对问卷细节化的补充。从访谈结果中可以清晰地看出，OBPP 实施给 G 校欺凌知识普及、报告流程建立、应对机制完善带来的有效改革与积极变化，印证了 OBPP 校园欺凌防治模式的积极效果。

（二）问卷结果

问卷包含的 39 个题目主要调查的内容包括：欺凌率、受欺率、欺凌类型、欺凌发生地点、成年人对欺凌的反应等。其中询问频次的题目均包含相同的 5 个选项，分别是没有、只有一两次、每月两三次、每周一次、每周好几次。以下为问卷结果分析，其中题目 3 到题目 11 与 OBPP 欺凌防治效果为强相关关系。

1.学生在校感受数据分析

问卷的前两题涉及学生在校的基本情况，包括学生是否喜爱学校以及学生在校的好友数量，这两个题目提供学生在校情况的基础信息。研究证实，当学生不喜欢学校或在校没有好友时，其成为受欺者的可能性会大大增加（见表 4.1）。

表 4.1　OBPP 实施前后学生对学校感受的数据对比

	前测	后测
很不喜欢	2.8%	2.6%
不喜欢	7.4%	6.8%
没想法	32.0%	22.7%

续表

	前测	后测
喜欢	43.8%	42.7%
很喜欢	14.0%	25.2%

从表4.1可以看出，OBPP的实施对G校学生的在校感受有一定程度的积极影响，学生对学校的喜爱度有一定提升。总体而言，喜爱学校的学生数量仍然占多数。“喜欢”与“很喜欢”学校的学生比例从57.8%上升为67.9%。在问卷中回答“不喜欢”或者“很不喜欢”的学生比例从原先的10.2%降为9.4%。由此可以看出，OBPP在一定程度上提升了学生对学校的好感，从侧面反映出因欺凌原因而恐惧或厌恶学校的学生人数有所减少。

2.学生在校好友数分析

学生在校好友数调查结果对学生受欺有极大的预测作用。研究显示，紧密的友谊关系是公开或隐蔽欺凌行为强有力的抵御工具。当青少年属于一个群体并拥有更多朋友时，其成为受欺者的可能性随之降低。因此，对学生好友数的调查可以为G校受欺者人数提供预测依据(见表4.2)。

表4.2 OBPP实施前后学生好友数数据对比

	前测	后测
无	1.9%	1.7%
1人	5.1%	5.9%

续表

	前测	后测
2～3 人	25.0%	26.0%
4～5 人	27.7%	23.6%
6 人以上	40.3%	41.8%

表 4.2 中数据显示，在 OBPP 实施前，G 校学生中拥有不止一位好友的比例为 93%，其中拥有好友超过 6 人者比例在 40% 以上。由于好友是欺凌的重要抵御工具，因此拥有较多好友的学生遭受欺凌的概率较小。OBPP 实施后，拥有不止一位好友的学生比例仍在 90%以上，其中拥有超过 6 位好友的学生比例有一定程度的增长，上升至 41.8%。因此，可以认为更多学生获得"同伴庇护"成为欺凌低风险群体。同理，OBPP 实施前，没有朋友的学生比例为 1.9%，这一类学生由于缺少好友的支持与保护，属于受欺高风险群体。OBPP 实施后，这一群体的比例降为 1.7%。从同伴庇护预防欺凌的角度来看，OBPP 的实施帮助 G 校更多学生进入欺凌低风险群体。

3.学生受欺频率数据分析

将受欺凌情况的前后测问卷结果进行对比，在 5 个程度选项中选择"每月遭受两到三次欺凌""每周遭受欺凌"以及"一周内多次遭受欺凌"的学生比例从前测的 34%下降到后测的 15%，证实 OBPP 有效改善了 G 校频繁受欺学生的境况。以性别为基点，对前后测问卷数据进行比较。结果显示，

OBPP 实施后，女生与男生受欺比例均有下降，但程度有所差异(见表 4.3)。

表 4.3　OBPP 实施前后基于性别的受欺率对比

前测		后测	
女生	男生	女生	男生
36%	31%	15%	15%

如表 4.3 所示，实施 OBPP 之前，G 校学生中女生受欺比例为 36%，OBPP 实施结束时下降为 15%。在男生中，实施 OBPP 前受欺比例为 31%，OBPP 实施结束时为 15%。由此可以看出，OBPP 实施前女生受欺比例略高于男生，经过一学年的 OBPP 实施，男女生遭受欺凌的情况均出现明显好转，均稳定在 15%。

将 OBPP 实施前后的受欺率以年级为基点分析，可得出受欺的学生数在 OBPP 实施后的下降幅度(见表 4.4)。

表 4.4　OBPP 实施前后基于年级的受欺率对比

前测			后测		
六年级	七年级	八年级	六年级	七年级	八年级
34%	32%	36%	13%	18%	16%

根据表 4.4，在 OBPP 实施之前，三个年级的学生受欺比例大体相当，其中八年级学生数值略高于其他年级。在 OBPP 实

施结束时，三个年级受欺学生数均大幅下降，其中六年级学生中遭受欺凌的人数减少最为明显，降幅接近 30%，体现出 OBPP 对各个年级学生的受欺情况均能实现有效干预，其中对中学低年级（如六年级）学生的干预成效尤为显著。

4.学生实施欺凌数据分析

有关欺凌情况的前后测问卷结果显示，OBPP 从总体上有效降低了 G 校欺凌的实施率。OBPP 实施前 G 校学生中有 16%的人参与过欺凌，实施后 G 校参与欺凌的学生比例降至 9%，其中男生与女生欺凌率降幅略有不同（见表 4.5）。

表 4.5　OBPP 实施前后基于性别的欺凌率对比

前测		后测	
女生	男生	女生	男生
16%	15%	9%	11%

如表 4.5 所示，在欺凌率方面，OBPP 实施前女生略高于男生，OBPP 实施完成后女生的下降幅度亦高于男生，说明就性别因素而言，OBPP 对女生实施欺凌的干预效果更加明显。总体而言，OBPP 能有效降低 G 校欺凌的发生率，起到抑制欺凌的作用。

从年级角度将 OBPP 实施前后欺凌率下降情况加以对比，如表 4.6 所示。

表 4.6　OBPP 实施前后基于年级的欺凌率对比

前测			后测		
六年级	七年级	八年级	六年级	七年级	八年级
8%	18%	19%	2%	14%	14%

从表 4.6 可以看出，OBPP 实施前，八年级学生实施欺凌的人数最多，这符合诸多学者的研究结果，即中学时期欺凌的实施会随着年级的升高而增加。G 校初中阶段的最高年级——八年级学生欺凌率在前测中高于六、七年级学生的情况符合多数学者的观点。OBPP 实施后，各年级学生的欺凌率均出现明显下降，其中六年级下降最为显著，从 8%降至 2%。七、八年级学生的欺凌率也出现不同程度下降。

5.学生受欺类型数据分析

G 校学生遭受欺凌类型的统计结果显示，“言语欺凌”“谣言欺凌”“性欺凌”为 OBPP 实施前出现频率最高的三种受欺形式。在 OBPP 实施结束时，三类受欺形式的发生率均大幅降低。

G 校学生的主要受欺类型为“言语”“谣言”与“性”欺凌，其中“言语”欺凌的出现频率最高，频繁遭受“言语”欺凌的学生数量占到受欺总数的 1/3 以上。在 OBPP 实施结束时，此三种欺凌类型的出现率均明显降低，显示了 OBPP 对主要欺凌类型的有效管控。在问卷涉及的多种欺凌类型中，OBPP 实施后降幅最大的为“威胁”类型的欺凌，从前期的 8%降为 1%，这一结果反映出 OBPP 不仅能够有效防治出现频率较高的“重点”欺凌类型，对其他类型欺凌的改善亦具有同样的效果。

在学生受欺类型调研中，以性别为基点分析，发现女生与男生在 OBPP 实施前后的受欺类型情况变化方面有所差异。在 G 校男生的受欺类型中，“言语欺凌”“谣言欺凌”“性欺凌”依然是最主要的欺凌类型。OBPP 实施后，三种类型欺凌的出现率均呈现 20%～30%的下降。此外，“威胁”在 OBPP 实施前后的降幅对比尤为明显，发生率从 7%下降为 0。换言之，前后测问卷对比结果显示，OBPP 有效地干预“威胁”欺凌并达到对这一欺凌类型的预防。

在女生受欺类型中，排名前三位的“言语欺凌”“谣言欺凌”“性欺凌”的发生率在 OBPP 实施后均有明显下降。其中排名第一的“言语”欺凌降幅最大，从 36%降至 15%，充分体现了 OBPP 对外显性欺凌的防治作用。对出现率较低的欺凌类型，如“威胁欺凌”“种族欺凌”，OBPP 同样展现出干预效果。“威胁欺凌”发生率由 8%降至 1%，“种族欺凌”由 8%降至 2%。从男女生受欺类型情况的对比中可知，除“肢体欺凌”与“性欺凌”外，前期女生受欺各类型报告率均高于男生，但 OBPP 对男女生受欺干预的效果基本一致。

6.受欺高发地点数据分析

对受欺高发地点的调研，问卷提供了 11 个地点选项，分别为“操场”“走廊/楼道”“教室(有教师)”“教室(无教师)”“厕所”“体育课/更衣室”“食堂”“家校途中”“校车”“其他地点”。调查结果显示,走廊/楼道、食堂、教室是排名前三位的受欺高发地点,近半数受欺者在以上地点遭受过欺凌,其中走廊/楼道为排名第一的欺凌高发地点。

OBPP 实施后,三个地点的受欺率均大幅下降,降幅达40%,干预效果显著。这与 OBPP 要求全校教职工加强监管不无关系。在学校、班级层面的措施中,OBPP 要求教师在课间站立于走廊/楼道,监管学生言行,警戒可能发生的欺凌行为。在午餐时间,OBPP 要求至少一名教师陪同学生就餐,并尽量分开高低年级就餐时间,以减少高年级学生欺凌低年级学生的机会。此外,OBPP 要求教师了解班级的同伴群体等级结构,教导学生通过友好相处而非操控他人赢得同伴欢迎与尊重,鼓励孤立学生加入同伴群体,在消极群体中加入积极同伴引导。此类措施改良了班级微观系统环境,因此在 OBPP 实施后的调研中,无论是否有教师在场,教室中的欺凌发生率均大大降低。通过 OBPP 的实施,G 校欺凌高发地点的受欺率均有所下降。

以性别为基点,分析欺凌地点的调查结果,发现男生与女生受欺高频地点不尽相同,实施 OBPP 后的受欺率降幅亦有所差异。

男生遭受欺凌最多的地点为走廊/楼道,排位第二的为没有教师在场的教室,排位第三的为食堂。问卷数据显示,OBPP 实施前,40%～50%遭受欺凌的男生在这三个地点有过受欺经历。实施 OBPP 后,男生在走廊/楼道的欺凌发生率降幅最大,下降为之前的一半,食堂与教室两个高发地点的发生率下降亦接近一半,其他地点的受欺率也出现不同程度的下降。

但是,女生受欺高频地点与男生存在明显差异。女生遭受欺凌最频繁的地点为食堂,与男生的数据有显著差异。在女生遭受欺凌最频繁的地点排位中,第一位为食堂、第二位为走廊/楼道、第三位为体育课/更衣室、第四位为教室,这与受欺高发总数据以及男生数据皆有差异。这种情况出现的原因可能与女生常遭受的"排挤"类型欺凌有关。在食堂与体育课/更衣室两个地点中,女生遭受"故意不理我""不让我加入他们的朋友中""忽视我"欺凌类型的情况较为多见。此类地点学生聚集,缺乏监管,使排挤类欺凌较容易达到目的。从 OBPP 实施后的数据来看,在加强教师监管后,此类高发地点中学生的受欺率呈明显下降趋势,即使在"教室(无教师)""体育课/更衣室"此类教师监管普遍缺位的地点,受欺率亦有所下降。总体而言,虽然女生的受欺高发地点与总体数据存异,但是在 OBPP 实施后高发地点受欺率仍然明显下降,能够证明 OBPP 的有效性。

7.学校教职工干预欺凌事件的数据分析

在学校教职工对欺凌的干预方面,问卷题目给出三个程度的选项:"没有干预""干预过一次""干预过多次"。OBPP 实施前后学生自陈报告结果对比如表 4.7 所示。

表 4.7　OBPP 实施前后学校教职工对欺凌的干预数据对比

	前测	后测
没有干预	13.1%	8.0%
干预过一次	6.0%	6.7%
干预过多次	2.9%	7.1%

由表4.7中数据可得，在OBPP实施前，G校教职工在欺凌发生时不实施干预的比例最高，只有不到3%的学生在欺凌情境中见证教职工的多次干预。OBPP实施完成时，教职工不干预欺凌事件的比例明显降低，由13.1%降为8%。教职工多次干预欺凌的比例大幅度提升，为前测的2倍多。从表3.7中数据可以看出，OBPP的实施对G校教职工干预欺凌起到了积极的促进作用。

8.家长干预欺凌事件的数据分析

在家长对欺凌的干预方面，问卷题目依旧给出三个程度的选项："没有干预""干预过一次""干预过多次"。针对此问题，将OBPP实施前后G校学生自陈报告结果对比如表4.8所示。

表 4.8　OBPP 实施前后家长对欺凌的干预数据对比

	前测	后测
没有干预	14.0%	12.0%
干预过一次	8.1%	3.6%
干预过多次	1.0%	2.4%

表 4.8 中数据显示，在 OBPP 实施前，G 校学生家长对欺凌不加干预的情况占总数的 1/7，OBPP 实施后这一数值有一定程度的降低。多次干预欺凌的家长比例在 OBPP 实施后有所上升。从表 3.8 中可以看出，OBPP 的实施有利于 G 校家长更积极地与学校就欺凌问题进行沟通，对学生的欺凌现状进行干预。

9. 学生恐惧受欺数据分析

在学生是否恐惧遭受欺凌方面，问卷题目给出五个程度的选项。调查结果显示，实施 OBPP 后 G 校学生恐惧受欺情况有所改观(见表 4.9)。

表 4.9　OBPP 实施前后学生恐惧受欺数据对比

	前测	后测
从不	56.0%	58.8%
偶尔	25.6%	24.3%
有时	12.5%	7.0%
经常和很经常	2.3%	2.2%

如表 4.9 所示，OBPP 实施完成时，G 校学生恐惧受欺比例从前测的 40.4%降至 33.5%，从不恐惧受欺学生人数相应有所增长，这一数据与欺凌高发地点受欺率下降相辅相成，证实 OBPP 在 G 校成功营造反欺凌校园生态系统，使学生在校生活期间能够享受安全平和的校园环境及和谐友好的校园氛围。

10. 旁观学生干预欺凌事件数据分析

问卷对目睹欺凌事件的旁观学生的反应进行调研，并给出六个不同干预程度的选项，包括“没发现”“参与”“默许”“围观”“应当帮助”与“积极劝阻”。调研结果显示，OBPP实施后，积极抵制欺凌与帮扶受欺者的旁观者数量明显增加（见表4.10）。

表4.10　OBPP实施前后旁观学生干预欺凌事件数据对比

	前测	后测
没发现欺凌	18.6%	12.9%
参与欺凌	2.5%	2.6%
默许	1.0%	1.7%
围观	15.9%	16.0%
认为应当帮助受欺者	34.0%	37.8%
积极劝阻欺凌	28.0%	29.0%

如表4.10所示，实施OBPP后，G校学生对欺凌行为的辨识度有所提高，更多的学生注意到身边的欺凌事件，为学生及教职工进一步制止欺凌行为奠定了坚实的基础。此外，更多的学生认识到应当在欺凌发生时为受欺者提供帮助，这一观念的形成能够激发学生向重要成年人报告欺凌或挺身而出制止欺凌的信心。最后，真正积极对欺凌行为加以劝阻的学生比例有所上升，表明更多学生意识到沉默旁观对受欺者带来的伤害及纵容

欺凌对生生互动与学校氛围带来的消极影响。因此,OBPP 的实施有效地增强了学生抵制欺凌的信心与行动力。

11.学生参与欺凌可能性数据分析

问卷还对 G 校学生在不喜欢的同伴遭受欺凌时其参与欺凌行为的可能性进行调整,并给出从“一定会”到“绝不会”六个程度不同的答案选项。OBPP 实施后,学生的后测结果与前测结果对比如表 4.11 所示。

表 4.11 OBPP 实施前后学生参与欺凌可能性对比

	前测	后测
一定会	7.8%	7.2%
可能会	10.2%	8.2%
说不准	28.1%	29.7%
应该不会	12.1%	10.1%
不会	23.3%	26.3%
绝对不会	18.5%	18.5%

如表 4.11 所示,OBPP 实施后,G 校学生在发生欺凌时“一定会”及“可能会”参与欺凌的可能性由之前的 18%下降至 15.4%,证明 OBPP 的实施使学生参与欺凌行为的意愿与实际行动力降低。此外,对参与欺凌持消极态度(包括“应该不会”“不会”“绝对不会”)的学生比例在实施 OBPP 后小幅上涨,由先前的 53.9%上升至 54.9%,由此可以判断,OBPP 促使更多学生对

欺凌行为产生反感,从而在欺凌发生时不会参与其中。萨米瓦利在对欺凌旁观者的研究中指出,在场同龄人对欺凌者的行为明确表示反感且倾向于维护受欺者,有助于欺凌事件快速结束。因此,可以认为,OBPP 在引导学生不成为“起哄助威”型旁观者的同时,亦促进欺凌事件快速解决。

六、检验结果讨论与小结

本次研究选取美国伊利诺伊大学学区公立中学 G 校六至八年级的中学生作为研究对象,研究 OBPP 在以美国主体族群(白人)为学生主体的中学对欺凌干预与预防的有效性。本次研究以 G 校实施 OBPP 前后的两次奥维斯欺凌问卷为研究工具,在控制无关变量的情况下,通过前测与后测调研结果对比分析 OBPP 的欺凌干预与预防效果,得到的有效结论为 OBPP 引入中国内地、结合本土反欺凌思想与理论、在中国中学中有效实施提供可行性数据参考。

研究主要通过四个方面的数据证实 OBPP 在 G 校校园欺凌预防与干预方面的有效性。

(一)OBPP 实施后 G 校受欺率大幅降低

前后测问卷调研结果显示,实施 OBPP 前,G 校有 34%的学生频繁受欺,在 OBPP 实施一学年后,该数值下降至 15%,下降了 19 个百分点，证实 OBPP 在降低受欺率方面取得显著的效果。在对数据的进一步分析中发现，在实施 OBPP 前，G 校女生被欺凌的比例虽然略高于男生，OBPP 实施后男女生遭受欺凌的比例均稳定在 15%，可以看出 OBPP 在男女生的受欺干预方面效果基本一致。在以年级为基点的反欺凌效果分析中，从前后测问卷结果来看，实施 OBPP 后，各年级学生受欺状况均有所改善，其中六年级学生的被欺凌现状改善效果最佳。诸多研究结果证实，中学时期，低年级青少年更易成为受欺者。六年级学生这一受欺高风险群体境况的有效改善，从侧面反映了 G 校实施 OBPP 后学校整体反欺凌氛围的强化。

（二）OBPP 实施后 G 校欺凌率显著下降

前后测问卷调查的数据对比显示，G 校学生欺凌率从 OBPP 实施前的 15%降至实施后的 10%，降幅超过 30%，证实 OBPP 在欺凌行为实施与再犯方面起到良好的阻制作用。在以性别为基点的欺凌行为防治分析中发现，OBPP 实施前，G 校男女生欺凌实施率基本相当；OBPP 实施后，男女生欺凌率均有所下降，女生下降率高于男生。研究显示，中学时期，女生对同伴群体高等级地位的追求尤甚，超过对学习成就的关注，故而为追求在同伴群体中更深的受欢迎度而选择操控他人的女生亦不在少数。加之女生常用的欺凌形式多为社交欺凌等隐蔽性强的欺凌手段，故而对女生欺凌行为的防治难度较高。OBPP 针对此情况指导教师组建积极学生群体，在群体中建立和谐友爱的群体规范，鼓励学生通过与同伴友好互助而非操控他人的方式获得同伴的喜爱与欢迎。因此，OBPP 实施后 G 校女生利用欺凌赢得较高同伴等级地位的行为大幅减少，从而使女生欺凌率降幅较大。OBPP 对女生欺凌行为的有效干预，证实其对较难察觉、较难改善的欺凌形式的防治效果依然显著。

（三）OBPP 实施后各欺凌类型发生率有所下降

奥维斯欺凌问卷提供九个欺凌类型选项，G 校出现频率较高的三种欺凌类型为言语欺凌、谣言欺凌、与性欺凌。言语欺凌在各欺凌类型出现频率最高，这与诸多学者的研究结果一致。言语欺凌类型中"取绰号"欺凌行为的发生率居高不下，却极易被重要成年人忽视，甚至部分教职工视言语欺凌为学生间的"玩笑"行为。由于言语欺凌并非肢体攻击性行为，未对受欺者造成肢体伤害，因此在没有接受专业欺凌辨识与应对指导的教职工间难以引起关注。但是言语欺凌对青少年情感与心理造成的创伤却不可小觑，其恶劣影响可以一直延伸到青少年成年后，属于一种最普遍、最具破坏性的欺凌方式。在 G 校的前测数据中，遭受言语欺凌、谣言欺凌与性欺凌的学生数量在 20%～36%。在实施 OBPP 一学年后，这一区间降至 7%～15%，最大降幅达 65%，其中言语欺凌的发生率在实施 OBPP 后降到前测数据的一半以下。从这一调研结果可以看出，OBPP 在干预高频欺凌类型发生率方面效果显著。

（四）OBPP 实施后高发地点欺凌率明显降低

从前后测两次问卷调研得出，在九个欺凌风险区域的选项中，G 校排名较高的四个欺凌高风险区域为走廊、食堂、教室以及体育课/更衣室。问卷结果显示，男生与女生的欺凌高发地点排名存在显著差异。就男生而言，走廊是欺凌发生率最高的区域，其次是没有教师在场的教室，再次是食堂，最后是体育课/更衣室。对于女生而言，排名第一的欺凌高危区域是食堂，其次是走廊，再次是体育课/更衣室，最后是教室。出现这一结果的原因可能与男女生常见的欺凌类型差异有关。研究显示，在欺凌方式的选择上，男生欺凌者更偏向外显性与攻击性的欺凌行为，如身体欺凌；而女生欺凌者更倾向于隐蔽性的欺凌方式，如社交欺凌。在社交欺凌中，“排挤”为较常见的一种欺凌行为，在食堂中，女生更便于采取“不理睬”“孤立”“不允许受欺者加入小团体中就餐”等行为，实现社交欺凌。而在走廊内，由于人多嘈杂，攻击性行为不容易引起教师注意，因此男生则更倾向于在走廊内实施肢体类的外显性的欺凌行为。男女生欺凌手段的不同，还体现在教室这一欺凌高发区域。在男生的问卷结果中，当教师不在教室时，教室成为排名第二的欺凌风险区域，当教师在场时，教室不再位于较高排名欺凌区域，说明男生欺凌手段的公开性与冲突性更强，易于被教师发现与制止，因此教师加强巡查能够很好地预防欺凌的发生。而在针对女生的问卷调查中，教室并不在较高发欺凌区域，而且无论教师是否在教室中，女生的受欺率都是相同的。这一结果侧面反映出女生欺凌手段的隐蔽性，以及对社交欺凌的偏好。由于教室中学生的位置较为固定，很难孤立同伴，因此欺凌发生率并不是非常高，而座位安排随意的食堂，则为社交欺凌提供了更多可能。但是，即使考虑到性别差异，实施 OBPP 后 G 校欺凌高风险区域的欺凌发生率仍有一定程度的降低。针对男生外显性的欺凌方式与欺凌高风险区域情况，OBPP 要求学校尽量在课间安排教师站立于走廊内，尽量减少教师不在教室的情况，在狭小闭塞的空间（如更衣室）尽量安排教师陪同学生，并要求学校至少安排一名教师陪同学生午餐。此类加强教师巡视力度的措施，能够大幅减少身体欺凌与言语欺凌等典型的外显性欺凌行为。针对女生常用的社交欺凌类型，OBPP 主要关注积极同伴群体的建立，以及群体内成员的不良互动方式的改变，以此引导追求群体高权力地位等级的成员摒弃操控性互动方式，代之以友爱互助。总体而言，OBPP 的实施实现了对 G 校高危欺凌区域的欺凌再发干预，证实了该模式的有效性。

第五章　OBPP 实践经验与反思

OBPP 发源于北欧，在美国学校验证后依然具有积极效果，显示了 OBPP 在不同文化背景与社会建构中的适应能力，但 OBPP 能否与中国内地的教育体制融洽衔接，还需要考察与参照其在更多国家与地区的实践经验与数据。因此，笔者对 OBPP 在加拿大、英国、比利时、南非、中国香港的实施效果进行研究，为寻求最适宜中国内地的改良方案提供国际视野。

一、基于个体认知的加拿大多伦多防治模式

加拿大研究人员结合本国国情与欺凌问卷调研结果，基于 OBPP 建立多伦多防治模式。该模式关注提升校园欺凌的个体认知，着重在学生与教师中普及欺凌知识，强调欺凌危害，培训欺凌干预技能，以此提高校园欺凌相关群体对欺凌的辨识与应对能力，从而减少欺凌事件的发生。

（一）多伦多反欺凌项目

20 世纪 90 年代，加拿大开始关注校园欺凌防治。90 年代初，多伦多教育委员会联合约克大学（York University）的研究人员，以奥维斯欺凌问卷（1989 版）为基础，结合加拿大的国情制定本国反欺凌调查问卷。问卷结果显示，加拿大国内欺凌形势已呈蔓延的趋势。数据表明，在问卷发放的近两个月内，24%的中小学生实施了至少一次欺凌，49%的学生遭受过一次欺凌，20%的学生遭受过多次欺凌，8%的学生频繁遭受欺凌。根据这一现状，多伦多教育委员会决定在多伦多市的多所学校尝试开展反欺凌行动。

加拿大教育委员在综合欺凌问卷数据与校园实地观察结果之后，决定选择一个“全校范围的、综合性欺凌预防模式”作为加拿大首个反欺凌试验项目的主体。经过对已有同类项目的筛选与对比，教育委员会最终决定将 OBPP 作为加拿大首个反欺凌试行项目的主体，并根据加拿大的教育体制、社会背景及人口分布对该项目的具体实施进行修订，创建“多伦多反欺凌项目”（Toronto Anti-bullying Intervention，以下简称“多伦多项目”）。[①]

在项目实行前，为保证项目试验对象的多样化，教育委员会

① A. Charach, et al., “Bullying at School: A Canadian Perspective”, *Education Canada*, 35(1), 1995, pp.12-18.

在多伦多市选择四所有意参与,并且具备时间、精力及资金条件进行欺凌防治的学校。这四所学校均处于人口密集地区,一所位于市区的弱势群体居住区,其 70%的学生来自移民家庭,而且为工薪阶层;两所位于市中心,其 40%的学生来自移民家庭,但家庭经济状况各异;另有一所亦处于市区,其学生大部分为加拿大本地人,家庭经济状况各异。在四所学校中,有三所招收幼儿园至八年级(幼儿园到初中)学生,一所招收高中生。项目试验对象为学校三至八年级的学生。在项目实施前、项目实施 6 个月、12 个月以及 18 个月时分别使用奥维斯欺凌问卷采集实施进展数据。在项目实施前参与调研的学生为 1052 人,由于学生在项目实施过程中存在转学情况,在项目实施 18 个月时参与调研的学生降为 1041 人。除学生群体外,74%的教师以及 8 名学校管理人员参与项目访谈与班级活动的调研。

多伦多项目在实行中几乎完全保留 OBPP 的关键组成要素,只在实施细节上进行修整。多伦多项目在学校层面完整实施 OBPP 的步骤并取得有效成果。项目实施 18 个月后的问卷调研数据显示,教师干预欺凌的比例逐渐上升,约一半的欺凌者称教师与其进行过谈话;约一半的受欺者也与教师探讨过自身受欺经历。由此可以看出,多伦多项目在学校层面的措施有效地提升了教师对欺凌常识与干预的认知,并指导其进行反欺凌行动。试验学校在项目前确定的首要任务,即提升学校教师与管理人员对反欺凌工作的认知,该任务基本得以实现。

在班级层面的措施中，多伦多项目切实践行 OBPP 的班级反欺凌活动，制定《班级活动参照表》(*Classroom Activities Questionnaire*)分发给各班级教师，为其班级措施的实施流程提供参考(见表 5.1)。

表 5.1　多伦多反欺凌项目班级活动参照表

请在已进行的活动后画"√"	
1.制定行为准则与惩罚措施	
2.课程内容涉及友谊与尊重	
3.举行欺凌主题班会	
4.开展小组学习	
5.讨论欺凌故事	
6.扮演欺凌双方角色	
7.与欺凌学生谈话	
8.与受欺学生谈话	
9.与旁观欺凌但未实施干预的学生谈话	
10.探讨种族歧视与应对	
11.探讨性别歧视与应对	
12.建立学生互助小组，练习如何与同伴融洽相处	
其他措施，请说明	

由此可以看出，多伦多项目在班级层面较完整地实施 OBPP 所列举的各项措施。项目实施 18 个月后的调研数据显示，在《班级活动参照表》的积极引导下，在四所试验学校中，有

71%的教师举行过欺凌主题班会,73%的教师建立了学生互助小组以帮助弱势学生,88%的教师开展过关于歧视的班级谈论。各学校设置的课程以及校规中均包含反对欺凌、种族歧视、性别歧视与平等相处的内容。此外,试验学校还举行过欺凌主题影视放映、文献阅览、角色扮演、戏剧表演等活动。

项目实施六个月后的调研结果显示,在"近期是否遭受过欺凌"问题上,回答"是"的学生人数大幅减少,比项目实施前下降了30%,到项目实施18个月后问卷调研时,一所试验学校的受欺率降至原来的一半,其他三所学校的下降数据在30%~37%之间,与上一章提到的在美国伊利诺伊州进行的OBPP的试验数据基本一致。在欺凌发生率方面,在项目实施18个月时,操场上的欺凌发生率降至项目实施前的48%,到项目实施30个月时,欺凌发生率降至实施18个月时试验数据的70%在教师欺凌发生率方面,项目实施18个月时,数据降至起始量的13%;实施30个月时,教师欺凌发生率降至24%。在学校整体氛围改善方面,教师干预欺凌的比例上升50%,89%的教师训导过欺凌者,94%的教师辅导过受欺者。这一数据虽然略低于伊利诺伊州的OBPP试验数据,但仍然可以清晰显示多伦多项目在个体层面措施上的有效性。

综上,多伦多项目较完整地践行了OBPP的措施,是OBPP本土化的有力体现。项目以提高校园欺凌防治重要群体的认知水平为宗旨,在总体上取得干预与预防欺凌的良好效果,是较成功的 OBPP 本土化实践案例。

(二)基于个体认知的多伦多防治模式实施经验

多伦多项目建立前,负责此项工作的教育委员会通过对当地学校校园欺凌的发生地点、主要群体、欺凌形式以及发生频率的长期观察,就加拿大校园欺凌防治达成三个共识。

第一,提高欺凌认知是欺凌干预的中心要素。

第二,学校教职工对欺凌现状的了解,对欺凌的干预力度与惩戒措施是反欺凌的重要的方面。

第三,学生是校园欺凌防治的主要群体。OBPP 强调的"提升欺凌认识、走出欺凌误区、明确反欺凌规章、提供受欺者帮扶"的宗旨与加拿大校园欺凌防治方针一致,故而以 OBPP 为基础的多伦多项目能够有效实施。

多伦多项目将提高学生与教师的欺凌认知设定为首要任务。为提高欺凌认知,四所试验学校选派八名管理人员代表在项目实施前会面,学习欺凌相关知识、了解 OBPP 流程,并且就项目实施方案进行探讨。随后,各所学校专门组建反欺凌小组,负责欺凌知识的普及与反欺凌规章的建立。

为建立反欺凌规章,学校反欺凌小组征集教师与学生的建议并进行汇总,整合建立符合各自学校特征的规章。规章主要分为两个章节:第一个章节关注营造和谐校园环境,强调学生应以积极的心态与同伴友善相处;第二个章节关注欺凌奖惩措施,阐明学生的权利与义务以及在欺凌发生时的应对策略。

为提高教师欺凌认知，各试验学校教师均参与为期一天的欺凌知识讲座，之后教师组成小组，持续关注与探讨欺凌问题。此外，教师加强对操场、走廊的监管。针对前期考察中出现的午餐时段欺凌高发问题，项目专门指派学校兼职职工担任“学校午餐督导”，为其提供必要的欺凌干预技能培训并指派其监管与干预午餐时段的欺凌行为。

为提高学生的欺凌认知与应对能力，多伦多项目在 OBPP 班级层面的措施基础上增加“学生调解委员会”(Peer Conflict-mediation Program)。学生调解委员会主要致力于训练学生化解矛盾冲突的技能，不仅适用于学校中的冲突化解，也可用于生活中矛盾的解决。在欺凌干预方面，学生调解员可以对学生的欺凌报告给予回应并进行初期干预，对于严重的欺凌事件，教师可随时提供援助调解。

此外，教育委员会组织试验学校所属校区的社工为受到欺凌困扰的学生提供专门的欺凌认知咨询与心理辅导。教育委员会鼓励学校为受欺与欺凌学生建立档案，学校定期跟踪回访，采取切实方法预防欺凌再发。

提高个体欺凌认知是加拿大针对本国学生特点，将 OBPP 内容本土化后强调的校园欺凌防治目标，是加拿大校园欺凌防治的首要举措，是多伦多项目的点睛之笔，是 OBPP 本土化的有力体现，最终辅助多伦多项目取得良好的欺凌防治效果。

(三)加拿大多伦多防治模式反思

OBPP 诞生于挪威全国反欺凌运动中。在挪威,反欺凌项目的创建由教育部监管,国家专项拨款并负责研发与评估。每个学校均配备欺凌知识与应对的影音与纸质教材。而且,在OBPP 创建前,挪威已进行了长达 10 年的反欺凌研究,公众、媒体、科研人员均对欺凌防治给予较高关注。因此,挪威的 OBPP 欺凌治理可以看作是自上而下发展的。然而,加拿大的欺凌研究历史并没有这么长,政府对欺凌的治理力度有限。学校管理人员与教师虽然处于防治欺凌一线,但欺凌应对理论相当有限,因此各班级各学校对欺凌的应对方针差异较大,没有规章制度可寻,没有政府统一发放的资料,更没有经费支撑与项目评审。因此,加拿大的欺凌治理可以看作自下而上开展的。在这一背景下,加拿大对 OBPP 内容进行了一定程度的本土化改良,并添加多项辅助措施。

然而,在后期实行中发现,多伦多项目在校园欺凌防治中赋予学校教职工与学生诸多权力,却忽视家庭因素的重要作用。在项目后期的采访、组织中发现,欺凌问题通常是由家长反映给学校教师的,换言之,家长是欺凌预警的首要群体。但由于缺乏与家长的沟通,忽视家长欺凌认知的提升,班级在召开欺凌主题班会时,参与的家长数量少之又少。家长对项目内容了解不足,与学校沟通不畅。多伦多项目虽然实行了 OBPP 的大部分措施,却忽视社区层面措施的重要性。其最终无法取得 OBPP 那样优异的效果,与家长在欺凌防治中的参与度低有较大关联。因此,在中国校园欺凌防治模式的建立中,家校联合、共治欺凌是不可忽视的重要环节。

二、基于共同关注法的英国谢菲尔德防治模式

英国研究人员以本国校园欺凌调研报告为蓝本,以 OBPP 为基础,融入英国已有的欺凌干预方案与理念,创建突出"共同关注法"(The Method of Shared Concem)的谢菲尔德防治模式。

(一)谢菲尔德反欺凌项目

20 世纪 80 年代末,英国皇家文书局组织了对公立学校内纪律问题的调研。在调研报告中,研究人员描述了欺凌现象对学生造成的伤害以及对校园环境的恶劣影响,并建议学校班主任与任课教师对欺凌行为提高警惕、严格管控,通过建立规章制度及明确惩罚措施,保护与捍卫受欺者的权益。报告公布后,数据的严峻与公众的关注,使对欺凌应对策略的研究迫在眉睫。英国教育部启动拨款,建立适用于英国公立中小学的反欺凌项目。"谢菲尔德反欺凌项目"(The DES Sheffield Bullying Project,以下简称"谢菲尔德项目")就是在这一背景下由谢菲尔德

大学引领创建的。

谢菲尔德项目的基本理念是以 OBPP 为基础，增加“共同关注法”措施并融入英国已有的欺凌干预方案与观点，以妥善解决已发的校园欺凌事件。在谢菲尔德项目创建初期，研究人员对谢菲尔德地区的公立中小学进行奥维斯斯欺凌问卷调研。调研结果显示，学校中 10%的中学生与 27%的小学生在一学期内多次遭受欺凌。其中，4%的中学生与 10%的小学生每周遭受欺凌；“取绰号”是最常见的欺凌形式；大部分欺凌发生在校园内而不是家校途中；操场是欺凌最高发区域。在得到前测问卷调研数据后，项目开始选择试验学校试行，共 23 所学校（16 所小学与 7 所中学）参与项目。另有 4 所学校作为对比组，只参与项目后期的问卷调研。参与项目的学校均为公立学校，学生以英国白人为主，兼有少数亚裔及非裔学生。试验学校有 7043 位学生参与项目试行，其中 33%为小学生，其余为中学生。

谢菲尔德项目在 1991 年 2 月正式启动，试验学校代表参与前期培训，试验学校教师在假期培训中了解项目的主要内容。项目要求所有试验学校坚持全校范围的综合性反欺凌方针，并采用“共同关注法”措施对学生层面欺凌者与受欺者进行干预。在此基础上，谢菲尔德项目为参与学校提供多种层面的可选方案，试验学校可以根据自身情况选择适合本校教师与学生的不同欺凌干预方案。

谢菲尔德项目最关注的是“学生”策略。校园欺凌主要存在于学生群体中，因此成人认为合适的解决方式可能并不适合解决校园欺凌问题。前期调研显示，近五成的学生没有向成人报告过自身的受欺经历，而且相当数量的欺凌事件发生在没有成人监管的情境中。因此“学生”策略包括帮助受欺者坚定立场、勇于抵制欺凌和增强欺凌者忍耐力、使其停止欺凌行为两个维度。试验中有 12 所学校选择运用“学生”策略。

“学生”策略中最重要的核心措施是将共同关注法贯彻于欺凌矫正。这一措施的主要目标是使双方接受共同在学校学习的必要性，促使欺凌者与受欺者的和平共处。此方案通过明确的步骤引领，指导教师与欺凌者进行多次谈话，引导欺凌者意识到受欺者在学校的“困难处境”，并鼓励欺凌者提出帮助受欺者摆脱困境的方法。同时，教师亦会与受欺者谈话，鼓励其积极寻找提高学校生活质量的方式。

在“学生”策略方面，谢菲尔德项目为试验学校提供两个面向全体学生的活动方案。一个为“攻关会议”(Quality Circle)。学生将“攻关”精神运用于自身经历或听说的欺凌事件中，为其解决出谋划策。这项活动的目的是提高学生干预与应对欺凌的积极性。有 4 所试验学校选择“攻关会议”。另一个为“欺凌法庭”(Bully Courts)。顾名思义，“欺凌法庭”将欺凌事件当作案件审理，陪审团成员主要由学生组成，在搜集证据与欺凌双方陈词后，依据学校规章作出裁决。没有学校选择“欺凌法庭”。[①]

谢菲尔德项目的“学生”策略包含面向全体学生以及面向欺凌双方的不同措施，其本质与 OBPP 个人层面的措施基本一致。

谢菲尔德项目的第二类策略为“课程”策略，其宗旨是将反欺凌内容融入学校教学大纲，提高学生对欺凌问题的关注，增强与受欺者的同感；鼓励学生报告欺凌困扰，为解决欺凌问题出谋划策，通过同伴力量抵御欺凌以及训练学生化解欺凌冲突的技能。此类措施的优势是与学校学习安排形成一个整体，便于将欺凌的预防融入学生的每日生活，形成常态。有 15 所学校选择“课程”策略。谢菲尔德项目为选择课程“策略”的学校提供多种影音与阅读素材，其中最受学生欢迎的是影视剧与小说。

影视剧《女士，只是闹着玩》(*Only Playing, Miss*)讲述了一个男孩遭受欺凌的经历，以及他与同伴共同努力成功阻止欺凌的故事。11 所学校选择使用这一素材。影视剧《木棍与石头》(*Sticks and Stones*)从欺凌者、受欺者以及旁观者的不同视角讲述欺凌经历，并以此为主题开发戏剧等外延题材。5 所学校选择使用这一素材。影视剧《善意的谎言》(*White Lies*)关注种族歧视，用于较高年级的白人学生对种族欺凌的反思与探讨。

① M. Fox, et al., “Developing the Educational Psychologist’s Work in the Secondary School: A Process Model for Change”, *Educational Psychology in Practice*, 6 (3), 1990, pp.163-169.

另有 4 所学校选择小说《奥德赛》(*The Heart Stone Odyssey*)，这本小说主要描述欺凌行为中的种族歧视与暴力。另有试验学校选择《守石人》(*Stone Keeper*)，这本小说主要面向低年级学生，讲述了一位年轻的印第安舞者沦为支持种族主义与法西斯主义的极右组织的牺牲品的故事。

“课程”策略关注将欺凌内容融入学校教学规划，其实施主体是班级中的学生与教师，因此“课程”策略亦可被看作 OBPP 班级层面措施的体现。

谢菲尔德项目的第三类策略是“校园”策略。该策略针对前期调查中发现的在休息时段校园欺凌高发的情况而制定，旨在改善操场区域与午休时段监管缺乏的问题，使学生能够更好地享受休息与游戏时间而免受欺凌的困扰。该策略主要分为两个维度的措施，一为加强对午休监管员的培训，二为改进学校空间布局。

16 所试验学校认识到午休监管员在学生积极相处方面的关键作用，选择了“校园”策略中的午休监管员培训方案。该方案注重加强午休监管员的培训，内容包括欺凌应对技能、良好互动的保持等，并提升监管员在校职工中的地位。研究人员为选择此方案的试验学校提供一系列相关措施，包括在监管员培训中普及欺凌知识、辨别欺凌行为等。在提高监管员的学校地位方面的措施还包括定期召开监管员、教师交流会，佩戴监管员工牌等。①

6所学校选择“校园”策略中改进学校活动场所规划、减少监控盲区的方案。针对此方案，谢菲尔德项目与大学的景观建筑系合作，带领景观建筑系学生参观学校，与学校师生交流，根据学校特点设计规划方案，在最大程度上避免监控盲区，增加学生互动元素，推动学生在游戏时间合作与共进，最后由学校选择适合的方案。

从谢菲尔德项目实施效果反馈来看，在受欺者方面，试验学校中没有遭受欺凌的学生数量明显上升，经常遭受欺凌的学生人数大幅下降，不同学校的下降率在15％～80％，平均下降46％。在欺凌者方面，试验学校中没有实施欺凌的学生人数上升约18％，经常实施欺凌的学生数量下降，降幅在7.4％～63.5％。向教师报告欺凌的比例亦有明显提升，幅度为8.4％～60.8％。学校教职工干预欺凌的比例亦有小幅上升。从谢菲尔德项目的效果数据可以看出，该项目较为成功地改善了试验学校的欺凌状况，欺凌发生率减少，欺凌报告率提升。作为英国首个独立的、经过评估的反欺凌项目，谢菲尔德项目被认为是较为成功的OBPP本土化案例。

---

① D. M. Ross, “Childhood Bullying and Teasing: What School Personnel, Other Professionals, and Parents Can Do”, *Journal of Developmental & Behavioral Pediatrics*, 18(5), 1997, pp.350-351.

（二）基于共同关注的谢菲尔德防治模式实施经验

谢菲尔德项目的组成形式与 OBPP 有所不同，但是谢菲尔德项目与 OBPP 均为“全校、全面、全员”反欺凌项目。谢菲尔德项目的基本原则与 OBPP 一致。谢菲尔德项目的“课程”“学生”“校园”策略分别对应 OBPP 班级、个人、学校三方面的措施。总体来讲，谢菲尔德项目与 OBPP 是一脉相承的。该项目尤其注重欺凌事件后欺、受各方的干预与双方关系的处理，因此在 OBPP 内容的基础上添加“共同关注法”，专门用于此类情况的应对。

谢菲尔德项目的“学生”策略与 OBPP 在个人层面上的原则一致，主要不同是添加了“共同关注法”。“学生”策略从全体学生维度鼓励学生以积极的方式与同伴相处，摒弃消极与攻击性的互动行为，最终实现欺凌者与受欺者和平共处。从欺凌群体维度，“学生”策略提供化解冲突技巧培训，鼓励学生通过参与互动、结交朋友提高自信，增强社交技能。谢菲尔德项目的“课程”策略符合 OBPP 班级层面的措施内涵，主要通过观看视频、角色扮演、主题探讨、书籍阅读、戏剧演出等方式，将欺凌主题带入学校教学内容中，使欺凌防治成为学校日常学习生活中的一个自然环节。通过日积月累地将欺凌辨识、欺凌危害、欺凌防治的知识灌输给学生，在学生中形成反欺凌的氛围，从而减少欺凌。

总之,英国研究人员在引入 OBPP 时,根据其国内校园欺凌特点,将 OBPP 与国内已有校园欺凌理念与措施相结合,有的放矢地应对欺凌问题。此外,谢菲尔德项目加入"共同关注法"用于促使欺凌者与受欺者和平共处,提高受欺者自信,助其摆脱困境;为欺凌者提供心理干预,引导其选择更为积极的人际关系模式,最终达到减少欺凌的目的。

(三)英国谢菲尔德防治模式反思

谢菲尔德项目对 OBPP 的学校、班级、个人、社区四个层面的原则要求进行重新整合,其本质与 OBPP 的核心内涵一致。谢菲尔德项目的"课程""学生""校园"三个策略方案,与 OBPP 的学校、班级、个体三个层面形异义同。

虽然谢菲尔德项目在整体上取得了较好的效果,但是其面向全体学生的策略是整个项目中的弱势环节。"学生"策略提出两个措施选项,一为攻关会议。首先学生需要学习会议流程,然后学生分享自身经历或听说的欺凌事件,让其他学生为其出谋划策,其目的是提高学生干预与应对欺凌的积极性。然而,这种方式忽视了受欺者在遭受欺凌后脆弱的内心感受,让其在同伴面前再次描述自己的受欺经历,无疑是对受欺者的二次伤害。此外,这一措施能够顺利实施的前提是参与学生具备较强的反欺凌意识,否则会议探讨内容将难以得到有效控制,更难以达到预期的反欺凌效果。二为欺凌法庭。该措施在项目实施过程中并无学校选择。这一措施的主要问题在于将审判者、执行者的权利全部赋予学生，而欺凌的主要参与群体——青少年的心理发展与专业技能还未达到能公正、公平看待欺凌问题的水平。因此，这种轻率的赋权措施可能适得其反。

综上，在 OBPP 本土化的过程中，面向全员的校园欺凌防治措施固然重要，但是应更加关注学生积极向上心理的培养，只有具备积极健康的品格，才能更好地从根本上杜绝欺凌思想，抵制欺凌行为。

三、基于多元文化的比利时弗兰德防治模式

基于英国谢菲尔德项目的有效数据，更多的国家以 OBPP 为基础，着手构建适用于本国的欺凌防治项目。比利时的弗兰德防治模式是 OBPP 在多元文化背景下成功本土化的典型案例。20 世纪 90 年代中期，比利时国家社会事务部与比利时根特大学[①]联合，以 OBPP 为模板，在国家健康教育研究的框架中开始创建比利时第一个反欺凌项目。比利时为典型的多元文化社会，主要有三大民族，即法语区的瓦隆人，荷兰语区的弗拉芒人[②]以及德语区的德意志人。比利时弗兰德项目的实施选在比利时弗拉芒人的主要居住区——弗兰德区的中小学进行。该项

① 位于比利时荷兰语区，为比利时排名第一的大学。

② 比利时荷兰语区弗拉芒人为比利时两大民族之一，占全国总人数的 40%。

目被命名为“弗兰德反欺凌项目”(The Flemish Anti-bullying Intervention Programme)。

(一)弗兰德反欺凌项目

弗兰德反欺凌项目(以下简称“弗兰德项目”)的运行分为四个步骤。

第一步:欺凌信息采集,用以了解当时弗兰德区中小学的欺凌状况与欺凌行为特征。

第二步:确定欺凌行为的决定因素,根据决定因素制定有利于学生健康发展的预防与干预项目。

第三步:创建欺凌项目,包括具体的活动计划与书面材料。

第四步:对项目效果进行评测,以确定有效性及推广可能性。[①]

在第一步的欺凌信息采集中,弗兰德项目使用奥维斯欺凌问卷对弗兰德区的 84 所学校 10～16 岁的 9983 名学生展开调研。调研结果显示,在 10～12 岁的小学生中,有 23%频繁遭受欺凌;在 13～16 岁的中学生中,有 16%频繁遭受欺凌。此外,有 16%的小学生以及 12%的中学生频繁欺凌他人。从第一步搜集的信息来看,比利时弗兰德区中小学中经常遭受欺凌的学

① V. Stevens, et al., “Bullying in Flemish Schools: An Evaluation of Anti-bullying Intervention in Primary and Secondary Schools”, *British Journal of Educational Psychology*, 70, 2000, pp.195-210.

生人数将近占总数的四分之一，欺凌形势较为严峻。在第二步欺凌行为的决定因素分析中，研究者对个人因素、同伴关系因素、学校因素、家庭因素进行分析，确定全校、全面的反欺凌项目实施理念。校园欺凌防治的主要目标是改善校园环境，制定明确的反欺凌规章，了解欺凌的严重危害，宣传欺凌行为的消极后果，强调成人在学生积极同伴互动中的重要引导作用，共同营造和谐的校园环境。鉴于前两步的数据与分析结果，研究者最终选择 OBPP 作为弗兰德项目模板，并在项目设计中添加一个参数，即外部研究团队的协助。为使 OBPP 内容更好地与比利时弗兰德区中小学生的学习生活相融合，项目设计者在采访 100 位学生后录制项目视频《你今天过得如何?》(*How Was Your Day?*)。该视频通过讲述一个女孩与一个男孩一天的遭遇，以提高学生、家长、教师对欺凌的认识。此外，研究者还制定了项目操作手册，讲解项目的具体流程与干预措施。

项目选取 18 所弗兰德区的中小学作为试验学校，其中 6 所学校添加外部研究团队协助参数，6 所学校没有添加，6 所学校为对照组。项目通过对试验学校学生发放问卷进行效果评测。1995 年 10 月项目进行前测，1996 年 5 月与 1997 年 5 月分别进行中测与后测。

弗兰德项目主要延用 OBPP 的三个模块："学校""班级""个人"。"学校"模块的主要目标为提高欺凌认知、制止欺凌事件、控制欺凌行为的消极结果、重新规划活动场所、增加活动器械。具体实施分为三个阶段。

第一个阶段专注于提高学生、家长、学校教职工对欺凌问题的认识，就制定反欺凌规范征求全校师生意见，形成初稿。

第二个阶段完成反欺凌规范制定，并面向全校宣布及讲解反欺凌规章细则。

第三个阶段是为需要帮助的特殊群体提供专门培训，内容包括社交技能及欺凌情境应对等。

此外，项目还为试验学校的教职工及家长开设宣讲会，进一步普及欺凌知识及危害。“学校”模块是弗兰德项目的核心组成部分，与 OBPP 一样，弗兰德项目亦认识到明确欺凌行为的惩罚措施是欺凌防治手段的重中之重。

弗兰德项目的第二个组成模块是“班级”模块。该模块的宗旨是提高学生群体对受欺者的同感，制止学生助长欺凌之风，引导学生不参与欺凌行为，教授学生欺凌问题应对技巧。这一模块的内容主要通过班级活动中的社会认知讲座实现。社会认知讲座内容从社会学习理论的视角鼓励学生参与同伴活动，帮扶受欺学生，明确欺凌惩罚措施等。讲座结束后，还会通过班级活动的榜样作用与角色扮演促进学生对讲座内容的内化。

弗兰德项目的第三个组成模块是“个人”模块。这一模块主要是面向欺凌参与双方设立的，旨在鼓励欺凌者弥补自身的行为过失，对受欺者实施帮扶，为受欺者提供情感支持，提醒家长识别家庭中的潜在受欺者，指导家长与受欺学生沟通以及管控欺凌行为。这一模块的措施设计依旧遵循社会学习理论，引导欺凌者修复与受欺者的关系，了解其感受，为欺凌者弥补自身过错提供途径。当班级中有学生违反欺凌规范时，“个人模块”鼓励学生通过为集体或者受欺个人提供帮助来弥补错误行为。教师还可以与欺凌学生签订“契约”，规定一旦出现欺凌行为，立即受到处罚。此外，“个人”模块亦为受欺者提供情感支持、欺凌应对与社交技能培训，以预防孤立无援现象再次出现。

除 OBPP 原有的学校、班级、个人三个基础层面外，弗兰德项目还在 6 所试验学校中测试新参数——外部研究团队的协助(简称“外部协助”)对项目效果的影响。外部协助主要包括针对学校教职工的培训会议，讲解有效应对欺凌的方法，在班级中组织活动；与欺凌学生签订“契约”，引导其弥补过错；为受欺学生提供情感支持，鼓励学生主动学习，培养学生解决问题的能力。

项目实施一年与两年后，项目实施者分别对参与项目的小学与中学进行两次问卷调研以判断项目效果。问卷结果显示，试验学校的欺凌率与受欺率均出现明显下降，而没有实施项目的参与学校，学生欺凌与受欺率均出现小幅上升。虽然实施项目的中学与小学欺凌率下降幅度存在差异，但平均下降值约为 12%；同样，在受欺率方面，实施项目的学校平均下降值为 13%。鉴于未实施项目的学校欺凌率与受欺率呈上升趋势，故可以认为实施弗兰德项目后学校的欺凌率与被欺凌率均下降约 20%。在添加新参数“外部协助”的学校与实施项目但未添加新参数的学校结果对比中发现，新参数对项目欺凌防治的有效性并未产生影响。鉴于弗兰德项目的成功经验，比利时将该项目在全国大规模推广实行。

（二）基于多元文化的弗兰德防治模式实施经验与反思

较之英国与加拿大的实施经验，弗兰德项目的最大特点是其实施的多元文化背景。弗兰德项目在比利时三个民族、三种语言、三个区划的社会背景下顺利完成校园欺凌防治目标并得以推广，证实 OBPP 在多元文化背景下的有效性。鉴于中国多民族的典型特征，比利时弗兰德项目的顺利开展与有效结果对 OBPP 中国本土化有较强的参考价值。

弗兰德项目基于 OBPP，将欺凌防治过程明确划为四个步骤。基于比利时多元文化背景，项目实施的前两个步骤均为项目前测，可见该项目将实施前的信息采集与分析放在较为重要的位置。在搜集到适用当地学校的欺凌数据后，项目组织者从个人、同伴、学校、家庭多个角度对数据进行分析，最终决定从两个方面治理校园欺凌问题。在整体层面，改善校园环境，制定明确规章，营造和谐环境；在个体层面，了解欺凌危害，增加欺凌成本，强调成人的引导作用。在确定两个方面的欺凌治理目标后，弗兰德项目重点采纳 OBPP 在学校、班级、个人层面的措施。在“学校”模块措施中强调“立规矩”，将欺凌惩罚措施视为欺凌防治的重要手段；在“班级”模块措施中，注重赋予旁观者权力，提高学生群体对受欺者的同感，引导学生不参与欺凌行为，指导学生在目睹欺凌事件时应如何处理，鼓励学生向教师报告欺凌行为并为受欺者提供帮扶；在“个体”模块措施中，遵循社会学习理论，关注欺凌发生的原因，并为欺凌者弥补自身过错提供途径。

弗兰德项目与 OBPP 的不同之处在于其添加了“外部协助”这一新的参数。该项目加入这一新参数的初衷是为更好地提高项目的有效性。然而，从项目后测的教师访谈与问卷数据综合结果来看，外部协助并未对学校的项目实施效果有效性产生影响。从这一点来看，OBPP 在学校管理层培训、学校教职工指导、委员会的建立等方面的措施能够适应学校对外界指导的需求。弗兰德项目的成功实施更加证明，提高 OBPP 本土化有效性还应更加关注项目前测，即了解多元文化背景下当地独特的校园欺凌影响因素、参与群体、高发时段等特征，以确认 OBPP 与当地现实情况的契合度，更好地选择恰当的措施应对欺凌问题。总体而言，弗兰德项目在具体措施中与 OBPP 的理念基本一致。项目主要选用 OBPP 学校、班级、个人三个模块的措施，每个模块均较完整地践行了 OBPP 内容。该项目获得有效数据后进行全国范围的推广，成为 OBPP 在多民族、多语言共存的国家成功实施的典型案例。

四、基于弥补监管缺位的南非开普敦防治模式

20 世纪 80 年代以来，诸多欧美国家由于地缘与文化的相似性，率先将 OBPP 运用于本国的欺凌防治工作中。在这些国家中，一些直接将 OBPP 移植于本国的教育体系中，如加拿大、比利时；另一些将 OBPP 与本国已有的反欺凌研究进一步结合后于中小学实行，如英国。这些尝试大部分取得可喜的成果。但由于语言文化的差异与沟通交流的匮乏，OBPP 直到 21 世纪初才在非洲进行初次试验。这次试验地选在南非的立法首都开普敦。南非作为非洲唯一的发达国家，学校发展水平相较于其他常年处于战乱与贫困的非洲国家较高，但是由于当地相关制度缺位，法治力量薄弱，在学生中仍然存在远多于欧美国家的校园欺凌与校园暴力事件。

（一）开普敦反欺凌项目

虽然南非教育部在针对学校的法令中明确规定“学校应为学习者提供安全稳定的校园环境，保护学生身心健康不受不良行为的侵害，维护学生的安全、人格尊严、隐私、受教育等基本权利不受侵害”，但在接到学生的校园欺凌报告后，很多家长与教师以“受欺负是成长的一部分，男孩要坚强，不要太脆弱，他们是喜欢你、嫉妒你才捉弄你”之类的言辞敷衍学生。警察在接到校

园暴力的举报后会以“太幼稚”为理由拒绝采取措施。重要成人角色的不作为及法治的缺失加剧了校园欺凌行为的恶劣化与频发性。为引起社会各界对校园欺凌事件的重视,南非卫生部在各地就校园欺凌问题展开调研。调研结果显示:49.3%的学生表示在近期遭受过欺凌。最常见的欺凌形式为言语欺凌,其次为性欺凌与身体欺凌。数据显示,有 46.32%的学生每月至少遭受一次欺凌者的恶言相向;34.52%的学生每月至少受到一次谣言欺凌;20.21%的学生经常遭受与性相关的欺凌,包括有性暗示的言语与手势、与同性恋相关的称号,甚至被异性触碰隐私部位。此外,18.29%的学生频繁遭受以身体欺凌为主的校园暴力。在欺凌者方面,主要的欺凌手段为言语欺凌与身体欺凌,分别占比 66.3%与 25%。其中男性欺凌者的比例明显高于女性。在遭受欺凌后,学生的第一选择是默默忍受,数据显示,1/3 的学生没有将自己的受欺经历告诉任何人。当学生选择报告自己的遭遇时,32%的人首先选择告知在学校的好友,选择报告成人的受欺学生比例较低,有 25%的学生会告知家长,学生将自己的处境报告给学校教职工的比例最低,仅为 10.2%。从这一数据结果可以看出,学生对重要成人监管与干预欺凌普遍缺乏信任,在遭受欺凌后无意报告,从而在一定程度上助长了欺凌之风。[①]

① K. S. Whitted, et al., “Best Practices for Preventing or Reducing Bullying in Schools”, *Children & Schools*, 27(3), 2005, pp.167-175.

在南非学校普遍存在欺凌行为恶劣、法治滞后、成人监管不力的背景下，研究者于 21 世纪初将 OBPP 引入南非，并选择立法首都开普敦的四所学校作为试验学校。四所学校中四至七年级的 1335 名学生参与试验。四所学校在地理位置上分别位于开普敦东部、南部、中部与北部。四所学校均位于较贫困、失业率与犯罪率较高、法治力量薄弱、欺凌等社会问题较为显著的社区。虽然如此，所选四所学校中的三所学校皆以成绩高、纪律好闻名，学校的教师与管理者兢兢业业，在资源匮乏的情况下依然尽量为学生提供最好的学习与活动机会。四所学校中的第一所为英语中学，校舍拥挤且没有礼堂，操场较为简陋。学校建筑格局无法有效防止校外人员进出，因此该区域的犯罪与暴力行为较易蔓延至学校。第二所学校为白人与南非人的混合学校，教授英语与南非语，班级学生人数适中，学校建筑布局完善，可以有效抵制校外不良人员的干扰，学校配备礼堂、泳池、图书馆、多媒体中心，操场上配有运动器械。校内几乎没有暴力事件发生，偶有学生逃学行为。第三所学校为英语中学，学生以南非人居多，大部分学生不在学校所在社区居住，而是每天坐校车往返学校。学校所在区域较为贫困，失业率、犯罪率较高，酗酒吸毒问题严重，暴力事件频发。学校配有礼堂，但是没有厨房与浴室。由于多数学生居住地离校较远，所以教师与家长沟通较为困难。第四所学校为中小学一贯制学校，学校资源紧缺，学生大多只讲当地方言，家长多为工薪阶层，无暇照顾子女，多由哥哥、姐姐或祖父母照管。虽然学校对不良行为实行“零容忍”政策，但在学生生活环境中依然存在较严重的酗酒、吸毒、暴力行为。

开普敦反欺凌项目（以下简称“开普敦项目”）在试验学校的试行分为六个阶段：项目规划、信息采集、项目设计、项目试行、项目评测以及项目推广。考虑到社会公众对欺凌的危害缺乏认识，因此第一个阶段“项目规划”的核心策略即为保障关键部门的参与，并与开普敦教育厅安全学校处进行会谈。第二阶段“信息采集”包括奥维斯欺凌问卷调研、欺凌知识普及、与学校代表沟通项目规划，并将项目前测结果分别公布于四所试验学校。第三阶段“项目设计”主要包括具体资料的选择与策略的运用。第四阶段为“项目试行”，经过前三个阶段的准备，四所试验学校开始按照 OBPP 原本的流程，从学校、班级、个人三个层面开始实施。最后，在开普敦项目取得有效成果后，南非政府对其进行大范围推广。

开普敦项目延用 OBPP 三个层面的措施，在学校层面，主要分为组建欺凌防治委员会与培训教职工两个维度。欺凌防治委员会的主要任务为制定项目实施时间表、在全校宣讲反欺凌守则、完善学校纪律条款、完善学校监管制度、修订学校纪律奖惩措施、对暴力行为实施追踪监管。委员会的主要运行宗旨是为项目的实施奠定坚实基础，使学校环境有利于学生发展，营造学习知识、积极向上的学校氛围，引导教职工以身作则，关怀学生，制止不良行为。学校层面教职工方面的措施主要包含：教职工培训，在全校张贴反欺凌规范，加强对欺凌高发区域的监管，每两周召开一次教职工讨论会，向家长寄送反欺凌材料，召开欺凌主题家长会，与学校所在社区建立联系，选出社区联络代表等。教职工方面措施的主要目的是实现OBPP要求的“全校、全员”参与的理念，加强教职工监管，引导家长与社区参与到项目运行中。

班级层面的措施主要包括根据班级学生的特点制定欺凌奖惩办法，召开班级会议，内容包括情绪掌控、责任担当、决策、同感、自我认同、合作、沟通等。班级会议中还应涉及欺凌的定义、欺凌的应对、反欺凌规范等内容。此外，班级会议的另一个目的是让学生感受到集体的温暖，体会到归属感，能够认清自己的情绪并积极应对。在班级会议上，教师可以更好地把握班级的力量分布、同学关系以及总体氛围，有利于教师发现与预防欺凌。此外，教师还应收集家长信息，引导家长参与欺凌预防，召开相关家长会，建立反欺凌论坛，讨论欺凌的有效解决办法，就独立欺凌事件展开调查并单独谈话。班级层面措施的主要任务是加强教师的参与意识及管理力度，营造积极向上的班级气氛，保持良好的班级秩序，时刻强调对欺凌行为的零容忍。班级会议能够及时为委员会、其他教师与家长提供反馈，反馈信息又进一步用于项目改进。

个人层面的措施主要针对教职工，指导教师应对班级内外发生的独立欺凌事件的方法与技巧，并加强事件后期的跟进与监管。此外，对于教师当场发现的欺凌行为，完全采用 OBPP 规定的欺凌干预“六步法”实施干预。对于欺凌报告，指导教职工要在不伤害学生情感的情况下与欺凌当事人谈话，收集必要信息，并将情况与家长进行沟通。个人层面的措施主要目的是提高教师反欺凌意识，协助教师处理欺凌事件，确保学校教职工对违纪学生始终如一地坚持使用非体罚、非恶意的处罚措施。

开普敦项目的第五个阶段为项目测评，测评的工具为奥维斯欺凌问卷。将项目前与项目实施两年后的数据进行对比，结果显示：前测中“近期没有遭受欺凌”的学生数据在四所试验学校分别为 47.5％、47.6％、42.7％、43.8％，后测中该项数据分别为 71.2％、95.2％、68％、59.6％。从这一组数据可明显看出，虽然试验学校自身教学、师资与社区条件差异显著，但在实施 OBPP 后未受欺凌的学生比例均有所上升，其中一所学校未受欺凌的学生比例从前测的不到 50％上升到 95％以上。在以性别为基点的对比数据中，项目前未遭受欺凌的男生与女生比例分别为 50％与 49.4％，基本相当。在项目实施后分别上升为 77.8％与 75.3％，证明 OBPP 对于男女生的欺凌干预效果均较为显著。综上，开普敦项目前后测的试验数据差异足以证实 OBPP 在南非开普敦四所试验学校治理欺凌方面的有效性。根据项目实施程序，南非将开普敦项目进行大规模推广，同样取得了优异的欺凌防治效果。

(二)基于弥补监管缺位的开普敦防治模式实施经验与反思

南非开普敦防治模式的成功实施证明 OBPP 不仅能够在北欧的教育环境与社会体制中取得良好的欺凌干预与预防效果,在语言、文化、地理、经济、社会诸多方面都与欧美发达国家存在巨大反差的南非,依然可以在成人监管缺失、法治力量薄弱、社会状况复杂、学校资源紧缺、欺凌情况恶劣的条件下有效降低学生的被欺凌率。从这一点来看,极强的文化适用性是 OBPP 从反欺凌项目中脱颖而出,成为在国际上有长期成功运行经验的反欺凌模式的重要优势。

虽然开普敦项目取得了较为显著的效果,但从项目实施的背景与过程中体现出社区对学校管理、校园氛围、欺凌防治的重要影响。在成人监管缺位、法治力量薄弱、学校资源紧缺、犯罪率较高的环境中,警察、教师甚至家长均忽视欺凌的危害,视之为儿戏,对校园欺凌治理起到极为消极的影响。这种情况下,只有提高重要成人反欺凌意识,加强对欺凌行为的监管,改善社区环境,加大法治力度,才能在项目结束后长期稳定地保持欺凌防治效果。因此,学校所在社区乃至地区对校园欺凌防治工作的支持与协助,即校园欺凌防治中的外围系统与宏观系统对欺凌防治的效果起着重要的维持与巩固作用。只有家、校、警、区协作共助应对欺凌时,欺凌问题才能得以长久解决。

五、基于恢复性措施的中国香港 RWsA 防治模式

21 世纪以来，OBPP 的国际试行范围从西方发达国家进一步延伸，逐渐被亚非国家认知。开普敦项目的成功实施使 OBPP 从一个适用于欧美国家教育体制的反欺凌模式发展为适用于社会贫富差距悬殊、欺凌行为性质恶劣的非洲学校的校园欺凌防治模式，大大降低了 OBPP 适用区域的局限性，证明其能够在反差较大的社会文化中较好地发挥效用。OBPP 在南非的成功实施为其在亚洲的有效运行提供了依据。2005 年，中国香港引入 OBPP，进行本土化改良。根据重要成年人普遍重学业轻人际、忽视校园欺凌危害、轻视校园欺凌干预的特点，研究者在 OBPP 的基础上强调恢复性措施。恢复性措施在学校层面通过建立和谐校园、营造积极的校园氛围来预防欺凌；在个人层面通过合理处理欺、受关系，建立有意义的同伴关系，提高学生的自信与社交能力，为学生营造安全和谐的学习氛围，将欺凌扼杀在萌芽状态。

(一)中国香港 RWsA 反欺凌项目

1999 年，香港陆续发生多起严重校园欺凌事件。一起暴力事件中，一名 12 岁的男生依仗自身体格强壮，频繁欺凌他人，某次向一名 11 岁的男生投掷垃圾。受欺男生反抗无果反遭殴打，

气愤之下持美工刀捅伤欺凌者左眼，被警方提起公诉。一起性欺凌事件中，一名 13 岁女生因欺凌他人遭受欺者及其同学报复，被剥光衣服殴打近三小时。在欺凌事件不断曝出后，2001 年，黄成荣教授与同事着手在香港开展第一次全港欺凌调研。共有 29 所中学的 3297 位中学生、47 所小学的 7025 位小学生以及 905 位教师与社工参与调研。调研主要通过问卷形式完成，问卷分两个部分。第一部分为欺凌基本情况调查，如受欺频率、欺凌频率、旁观欺凌频率、对和谐校园的感受、对暴力的看法以及学生的社会心理状况；第二部分关乎学生的基本信息，如性别、年龄、出生地等。调研结果显示，就身体欺凌而言，小学生中欺凌者占 22.5%，受欺者占 31.7%，旁观者占 67.6%；中学生中欺凌者占 17.2%，受欺者占 18.3%，旁观者占 58.6%。就勒索类欺凌（索要食物、钱财）而言，小学生中欺凌者占 9.5%，受欺者占 13.2%，旁观者占 40.2%；中学生中欺凌者占 6.6%，受欺者占 8%，旁观者占 34.3%。黄成荣教授对数据进行分析后得出结论：香港中小学中超过半数的学生作为旁观者、欺凌者或者受欺者参与欺凌，欺凌已经成为严重的校园问题。[①]

在对香港校园欺凌发生背景的调研中，研究者发现四个问题。

---

① D. S. Wong, "School Bullying and Tackling Strategies in Hong Kong", *International Journal of Offender Therapy & Comparative Criminology*, 48(5), 2004, p.537.

第一,大众普遍无视欺凌危害,对欺凌的看法为“学生间的普通矛盾冲突”或“是人生成长的一个必经阶段”等,认为家长与教师在年幼时可以承受欺凌行为,子女与学生也应当可以忍受。

第二,青少年冲动任性。在当下享乐主义盛行的环境中,儿童与青少年更加“以自我为中心”待人处事,更加冲动与任性,不懂得掌控情绪。

第三,过于关注学业成绩。由于香港强化对学校教学成绩的要求,学校在课程安排中无暇顾及学生社交等生活技能的培养,因此当学生出现冲动情绪时,由于缺乏有效的问题解决与冲突干预技巧,普通的嬉闹行为很可能迅速升级为斗殴行为,进而引发报复性暴力冲突。教师被繁忙的教学任务所困,无暇对学生进行咨询辅导,学生间的欺凌行为被视为普通打闹嬉戏,任之发展。

第四,大众媒体(如电影、游戏、歌曲)宣传的暴力价值观不断渗透至学生的生活中,当学生成长至青少年阶段时,反复深化的暴力价值观开始对其行为产生影响,当家人或教师意识到其行为恶化后,学生便逐渐疏远家人,与自己背景相似的同伴联结,与不良青少年为伍,陷入欺凌亚文化中,对他人麻木不仁、缺乏同感,将暴力价值观内化为自身生活方式。总体而言,学校重学习成绩轻社交技能、家长教师忽视欺凌风险、媒体渲染暴力、学生自身社会心理问题以及同伴的消极影响是香港校园欺凌发生的重要因素。[①]

在此背景下，研究者结合 OBPP 与英国谢菲尔德模式经验，发展出兼具全校性特点与恢复性功能的恢复性全校反欺凌方案(The Restorative Whole-school Approach，RWsA)。此模式的创建融合综合性项目的优势与恢复性措施的特点，在发动全校师生与家长治理欺凌的前提下，对已经发生的欺凌事件，不以指责与惩罚为处理方式，而是致力于从长远角度建立和谐校园、营造积极氛围，预防欺凌发生。通过采纳各方意见，制定反欺凌规章，在班级中建立有意义的同伴关系，提高学生自信与社交能力，为学生营造安全和谐的学习氛围，抑制欺凌风险因素的萌芽。首先，RWsA 注重欺凌防治重要群体，包括教师、欺凌者、受欺者、旁观者、家长的共同参与协作，致力于建立全面的反欺凌校园文化。其次，要求对全校各主体普及欺凌知识，讲解欺凌危害，培训教师、家长与高年级学生干预欺凌突发事件的技能。再次，强调制定长期反欺凌措施，包括修订反欺凌规章以及教学大纲中的欺凌预防内容。最后，在应对欺凌事件时，采取恢复性措施中提倡的调解面谈或恢复会议等适宜手段中和欺凌者与受欺者间的矛盾。概言之，RWsA 致力于对受欺者的帮扶与赋权、对欺凌者的包容与复归、校园的安定与和谐，以关怀、公正

---

① D. S. Wong, "Culturally Specific Causes of Delinquency: Implications for Juvenile Justice in Hong Kong", *Asia Pacific Journal of Social Work & Development*, 9(1), 1999, pp.98-113.

的态度解决校园矛盾。

在 RWsA 有效性验证试验中，黄成荣教授为避免成绩变量干扰验证结果，从香港政府教育统筹局提供的在港登记学校名单中，选取学习成绩中段的学校进行项目验证。共 1480 名七到九年级的中学生参与了 2004～2006 年为期两年的项目验证，参与学生男女之比为 1∶1。项目有效性验证工具为调研问卷。问卷分为三个部分，第一部分以奥维斯欺凌问卷为主体，包括 41 个问题，涉及学生的自我认知、对不当或暴力言行的评级、对校园生活质量的评价、对教师与学校的态度等；第二部分包括 20 个问题，主要为学生对近期自身行为的自陈报告；第三部分涉及学生的个人信息，包括性别、年龄、年级、家庭情况与现住址。项目前测调研问卷数据显示，参与调研的学生中，36%的人实施过不同程度的欺凌行为，3.5%的人频繁欺凌他人。在欺凌类型中，言语欺凌发生率最高，占所有欺凌行为的 56%；其次为排挤欺凌，占 29%；再次为身体欺凌，占 28%；出现频率最低的为勒索欺凌，占 22%。从前测结果中可以看出，在 RWsA 项目实施前，试验学校不仅欺凌发生率较高，而且学生对教师与学校的认可度较低。

在获得前测结果作为基准值后，RWsA 项目于 2004 年 8 月正式开始在参与学校中试行。RWsA 主要采纳 OBPP 学校、班级、个人三个层面的措施。

在学校层面，RWsA 关注起草反欺凌规章、开展教师研讨会、组织家长会谈、安排情绪管理课程、学习矛盾调解技能、营造和谐校园氛围。

在班级层面，RWsA 措施包括对前测数据的公布与分析、撰写反欺凌工作清单、组织反欺凌班会、开展角色扮演活动、创立互助学习小组以及在课程中使用反欺凌文学与影视教材。班级活动与教材的运用旨在帮助学生了解欺凌本质、辨识欺凌情境、躲避校园风险地段。

在个人层面，RWsA 着重运用恢复性措施解决个体间的欺凌问题。恢复性措施的欺凌干预方案主要分为五个步骤。第一步，与欺凌者逐个面谈。在这一步，教师或辅导员与每个实施欺凌行为的学生进行单独面谈，谈及受欺者的遭遇，使欺凌者认识到自身行为所造成的伤害，并引导欺凌者提出改善这一现状的建议。第二步，与受欺者会谈。会谈中涉及受欺者在学校的现状、遭受欺凌的情境，并对受欺者进行情感安慰与心理辅导。在会谈中询问受欺者是否存在激惹欺凌者从而招致欺凌的情形，并向受欺者说明与欺凌者会谈的结果以及其提出的整改建议。第三步：跟进整改进度。教师或辅导员再次与实施欺凌的学生会谈，了解其是否依据自己提出的整改意见改善自身行为，并督察欺凌事件是否再次发生。第四步：欺凌双方会面。教师在确认欺凌整改情况良好后，建议欺凌双方会面。会面中欺凌者应保证与受欺者友好相处，并对后期和谐相处作出承诺。第五步：监管。在双方承诺后，教师依然需要定期督察情况，确保欺凌不再发生。

RWsA 项目实施两年后，项目后测结果显示，试验学校的欺凌发生率下降了 49.9%，而同期没有参与项目的学校，欺凌发生率上升了 32%。从这一数据可以得出，在排除其他无关干扰因素后，实施 RWsA 项目有效降低了试验学校的欺凌率，有效性比例与 OBPP 在挪威的初次试验基本一致。以欺凌类型为基点分析，言语欺凌降幅最大，为 73.5%。由此可以看出，对于发生率最高的欺凌行为，RWsA 项目起到有效的干预与预防作用。除言语欺凌外，降幅较大的为勒索欺凌，为 61.6%。这证实了对于发生率最低的欺凌类型，RWsA 项目亦能够有效抑制。降幅排第三的为排挤欺凌，为 49.9%。最后为身体欺凌，为 54.5%。从以上调研结果看出，无论从欺凌的总体下降率还是从不同类型的欺凌发生率降幅来看，RWsA 项目均有效改善了参与学校的欺凌情况，成功对试验学校的欺凌行为实施了干预。

(二)基于恢复性措施的中国香港 RWsA 防治模式实施经验与反思

香港与内地校园欺凌的发生背景较为相似，家长与学校均存在重成绩轻交际的态度，相当一部分教师与家长对于学生的欺凌报告仍然重视不足甚至不予理会，这阻碍了校园欺凌防治的顺利开展。在这种背景下，RWsA 一方面增加恢复性措施，着力解决欺凌者与受欺者间的矛盾，创建反欺凌校园文化，注重校园氛围改善，鼓励学校与家长共同参与、通力合作。另一方面，强调对全员普及欺凌知识，讲解欺凌危害，培训教师、家长以及高年级学生干预欺凌事件的技能。总体而言，RWsA 的措施沿用 OBPP 的主要内容，但是更关注个体层面的欺凌措施，倾向于运用恢复性措施解决已发欺凌事件，以此治理欺凌问题。通过五个步骤的恢复性措施，帮助受欺者树立自信，协助欺凌者矫正问题，逐渐打破欺凌者与受欺者间的隔阂，最终通过两者的共存不扰，防止欺凌再发生。

恢复性措施是 RWsA 的重要组成部分。RWsA 项目吸纳英国谢菲尔德项目的经验，将恢复性措施应用于调解个体欺凌矛盾，其目的是为欺凌者与受欺者在学校环境中和平共存创造条件。恢复性措施关注个人层面欺凌事件的解决，通过逐一解决个体案例来降低欺凌发生率，对已发欺凌干预具有一定的成效，但在一定程度上缺乏全员性，其对欺凌整体预防的长远效果仍待检验。总体而言，RWsA 将"恢复性措施"融入 OBPP，取得良好的效果，成功地降低了参与项目学校的欺凌率，提升了学生对学校、自身以及教师的认可度，是 OBPP 在亚洲文化背景下实施的较为成功的案例。

综上，OBPP 从生态系统观看待欺凌问题，从微观到宏观，各系统相互嵌套，通过系统与系统以及系统与个体间的相互作用减少欺凌事件的发生。从 OBPP 的国际试行报告中可以看出，OBPP 能够灵活地适应不同文化背景，能够包容其他理论，能够结合本土政策，是一个具有国际推广经验与实践价值的项目。因此，OBPP 在美国、加拿大、英国、比利时、南非、中国香港等国家与地区的实施经验，拓展了中国校园欺凌预防干预模式的国际视野，为 OBPP 在中国的推广铺平道路。

结　语

总体而言，OBPP 的实施在欺凌的发生率、欺凌的实施率、不同欺凌地点的发生率等方面都有着积极的改善效果。OBPP 从生态系统理论出发，将同伴群体视为最直接影响学生个体的微观系统。因此，OBPP 在微观系统中的校园欺凌防治主要通过班级与个人层面的措施开展。例如，在班级中张贴反欺凌规范、普及欺凌常识、强调欺凌危害、引起学生对欺凌的重视以及培养反欺凌意识，使未经历欺凌的学生能切身感受到欺凌对受欺者带来的伤害，激起同伴群体抵御欺凌的勇气与信心。当欺凌者的攻击行为在旁观者中没有得到支持反而引起抵制情绪时，其继续欺凌的意愿随之减弱，再次欺凌的可能性随之降低。

微观系统的外层为中观系统。在学校层面加强反欺凌校园氛围的营造，即是中观系统改造的体现。OBPP 从学校的教育政策与理念着手，对学校负责人进行正规的欺凌风险与危害培训，加深其对欺凌的认识，使其明确安全平和的校园氛围的重要性;敦促学校完善反欺凌学校规章,严厉禁止欺凌发生,并制定详细的校规校纪佐之。这些措施均可以看作通过中观系统的改造影响欺凌的发生。

在微观系统与中观系统之外影响欺凌的环境是外围系统。学校是校园欺凌发生的主要场域,家庭是学生的微观系统,其所处社区又属于外围系统。学生在家庭与社区生活中与同伴相处的习惯会影响到其作为学生在学校与同学相处的表现,当学生在家庭与社区中接触甚至参与欺凌行为时,这种情况就容易被带入学校环境中,成为学校欺凌行为的导火索。以全校综合性防治欺凌为宗旨的 OBPP 对家庭及社区欺凌的预防尤为重视,其主要措施在学校、社区层面均有所体现。具体而言,欺凌防治委员会的创建是家校联合的基础举措,亦是学校层面与社区层面措施实施的根基。欺凌防治委员会成员来自学校教师以及家长代表,主要辅助保障 OBPP 所有措施的顺利开展。委员会成员参与制定 OBPP 在校实施计划,将计划传达给校教职工、学生及家长,辅助 OBPP 实施计划与学校已有的欺凌预防及干预方案衔接,最后将 OBPP 精神传达到社区。OBPP 要求学校建立欺凌防治委员会,将家庭、社区的配合视为学校治理欺凌的重要环节。在欺凌的预防与干预中,OBPP 视家长为学校的重要合作伙伴,通过家长代表加入委员会、参加家长会等多种方式,鼓励家庭与学校共同抵制欺凌。此外,OBPP 强调学校与社区的合作,通过委员会成员以及学生家长,在社区宣传欺凌事件对青少年成长造成的严重危害，督促社区成员配合学校大力治理欺凌问题。当学校所在的整个社区均秉持反欺凌思想、支持反欺凌行动时，即可实现生态系统观中宏观系统层面的欺凌预防与干预。

在OBPP有效性检验研究中，无论在以性别为基点还是以年级为基点，从前后测数据对比中均能够看出OBPP实施后G校校园欺凌情况的改善，证实OBPP的实施对G校欺凌情况的干预与预防效果，OBPP在G校的成功实施是生态系统观有效干预校园欺凌的有力佐证。在此次验证的基础上，OBPP还被美国卫生部药物滥用与心理卫生管理局（Substance Abuse and Mental Health Services Administration，U.S. Department of Health and Human Services）评为模范反欺凌方案，被美国司法部少年司法与犯罪预防办公室（Office of Juvenile Justice and Delinquency Prevention，U.S. Department of Justice）评为有效反欺凌方案，被美国教育部（U.S. Department of Education）评为二级方案[①]。OBPP的有效性验证及国际经验为其在中国内地的本土化提供了极富价值的研究参照数据。

① 二级方案指通过实验研究、科学证实的可以预防儿童或青少年犯罪或者可以降低风险、避免儿童或青少年接触犯罪的项目。

参考文献

一、著作类

［1］B. Doll, et al., *Bullying in American Schools: A Socio-ecological Perspective on Prevention and Intervention*, NJ: Lawrence Erlbaum Associates, 2004.

［2］D. A. Wilder, *Cognitive Factors Affecting the Success of Intergroup Contact*, Chicago: Nelson-Hall, 1986.

［3］D. L. Espelage, et al., *Bullying in American Schools: A Social-ecological Perspective on Prevention and Intervention*, Lawrence Erlbaum Associates, 1993.

［4］D. Olweus, *Aggression in the Schools: Bullies and Whipping Boys*, Washington, DC: Hemisphere Press, 1978.

［5］D. Olweus, *Bullying at School*, Oxford: BlackWell, 1993.

[6] D. Olweus, *The Nature of School Bullying: A Cross-National Perspective*, NY: Routledge, 1999.

[7]D. Olweus, et al., *Olweus Bullying Prevention Program Teacher Guide*, MN: Hazelden, 2007.

[8]D. Olweus, et al., *The Olweus Bullying Prevention Program: Implementation and Evaluation over Two Decades*, MN: Hazelden, 2010.

[9]D. Pepler, et al., *Peer Processes in Bullying: Informing Prevention and Intervention Strategies*, NY: Routledge, 2010.

[10]D. Pepler, et al., *Peer Processes in Bullying: Informing Prevention and Intervention Strategies*, NY: Routledge, 2010.

[11]D. Schwartz, et al., *The Aggressive Victim of Bullying: Emotional and Behavioral Dis-regulation as a Pathway to Victimization by Peers*, MA: Guilford Press, 2001.

[12]E. Roland, *A System Oriented Strategy against Bullying*, London:David Fulton Publishers, 1989.

[13]F. Carpra, *The Web of Life*, Dublin: Schrodinger Lecture, 1997.

[14]H. Blumer, *Symbolic Inter-actionism: Perspective and Method*, NJ: Prentice Hall, 1969.

[15]I. Ajzen, *From Intentions to Actions: A Theory of Planned Behavior Action Control*, Berlin: Springer Heidelberg, 1985.

[16]I. E. Seidman, *Interviewing as Qualitative Research: A Guide for Researchers in Education and the Social Sciences*, MA: Teachers College Press, 2006.

[17]J. Coie, *Towards a Theory of Peer Rejection*, NY: Cambridge, 1990.

[18]J. Devine, et al., *Making Your School Safe: Strategies to Protect Children and Promote Learning*, NY: Teachers College Press, 2007.

[19]K. Lewin, *Field Theory in Social Science: Selected Theoretical Papers*, NY: Harper, 1951.

[20]K. Rigby, *Bullying in Schools and What to Do about It*, Melbourne: Camberwell, 1996.

[21]K. Rigby, *New Perspectives on Bullying*, London: Jessica Kingsley, 2002.

[22]L. Krappmann, *The Reproduction of the System of Social Inequality in the World of Children*, Frankfurt : Suhrkamp, 1999.

[23]M. Sherif, et al., *Intergroup Cooperation and Competition: The Robbers Cave Experiment*, Norman: University

Book Exchange, 1961.

[24]P. Heinemann, *Mobbning*: *Gruppvald Blant Barn Ogvokane* (*Bullying*: *Group Violence among Children and Adults*, Stockholm: Natur Och Kultur, 1973.

[25]P. K. Smith, et al., *School Bullying*: *Insights and Perspectives*, London: Routledge, 1994.

[26]P. K. Smith, et al., *The Nature and Extent of a New Kind of Bullying In and Out of School*, 2010.

[27]R. B. Cairns, et al., *Social Cognition and Social Networks*: *A Developmental Perspective*, NJ: Lawrence Erlbaum Associates, 1991.

[28]S. Limber, *Implementation of the Olweus Bullying Prevention Program*, NY: Routledge, 2011.

[29]T. Arora, *The Use of Victim Support Groups*, London: David Fulton, 1991.

[30]W. Allport, *Handbook of Social Psychology*, MA: Clark University Press, 1935.

[31]W. Mcguire, *Attitudes and Attitude Change*, NY: Random House, 1985.

[32]W. H. Foddy, *Constructing Questions for Interviews and Questionnaires*: *Theory and Practice in Social Research*, UK: Cambridge University Press, 1994.

二、期刊论文类

[1] A. Bandura, "Self-Efficacy: Toward a Unifying Theory of Behavioral Change", *Psychological Review*, 84 (2), 1977.

[2] A. D. Pellegrini, et al., "Affiliative and Aggressive Dimensions of Dominance and Possible Functions during Early Adolescence", *Aggression & Violent Behavior*, 7(1), 2002.

[3] A. E. Grills, "Peer Victimization, Global Self-worth, and Anxiety in Middle School Children", *Journal of Clinical Child and Adolescent Psychology*, 31(1), 2002.

[4] A. Gregory, et al., "Tolerating Adolescent Needs: Moving beyond Zero Tolerance Policies in High School ", *Theory Into Practice*, 48, 2009.

[5] A. Kärnä, et al., "Vulnerable Children in Varying Classroom Contexts: Bystanders' Behaviors Moderate the Effects of Risk Factors on Victimization", *Merrill-Palmer Quarterly*, 56(3), 2010.

[6] A. Pikas, "New Developments of Shared Concern Method", *School Psychology International*, 23(3), 2002.

[7] A. Pikas, "Pure Concept of Mobbing Gives the Best

Results for Treatment", *School Psychology International*, 10 (2), 1989.

[8]B. Doll, et al., "The Relationship between Children's Self-reported Recess Problems, and Peer Acceptance and Friendships", *Journal of School Psychology*, 41(2), 2003.

[9]B. Morrison, "Bullying and Victimization in Schools: A Restorative Justice Approach", *Australian Institute of Criminology*, 219, 2002.

[10]C. P. Monks, et al., "Definitions of Bullying: Age Differences in Understanding of the Term, and the Role of Experience", *British Journal of Developmental Psychology*, 24 (4), 2006.

[11]C. Rose, et al., "Bullying and Middle School Students with and without Specific Learning Disabilities: An Examination of Social-ecological Predictors", *Journal of Learning Disabilities*, 20(10), 2013.

[12]C. Salmivalli, et al., "Anti-bullying Intervention: Implementation and Outcome", *The British Journal of Educational Psychology*, 75, 2005.

[13]C. Salmivalli, et al., "Bullying as a Group Process: Participant Roles and Their Relations to Social Status within the Group", *Aggressive Behavior*, 22(1), 1996.

[14]C. Salmivalli, et al., "Participant Roles in Bullying: How Can Bystanders Be Utilized in Interventions", *Theory Into Practice*, 53(4), 2014.

[15]D. Estell, et al., "Students with Exceptionalities and the Peer Group Context of Bullying and Victimization in Late Elementary School", *Journal of Child and Family Studies*, 18(1), 2009.

[16]D. J. Pepler, et al., "An Evaluation of an Anti-bullying Intervention in Toronto Schools", *Canadian Journal of Community Mental Health*, 13(2), 1994.

[17]D. J. Safer,"The Stress of Secondary School for Vulnerable Students", *Journal of Youth & Adolescence*, 15(5), 1986.

[18] D. L. Dubois, et, al., "A Prospective Study of Life Stress, Social Support, and Adaptation in Early Adolescence", *Child Development*, 63(3), 2010.

[19] D. M. Ross, "Childhood Bullying and Teasing: What School Personnel, Other Professionals, and Parents Can Do", *Journal of Developmental & Behavioral Pediatrics*, 18(5),1997.

[20]D. Newman, et al., "Bully Busters: A Psycho-educational Intervention for Reducing Bullying Behavior in Middle School Students", *Journal of Counseling & Development*, 82

(3), 2011.

[21] D. Nikolaou, "Do Anti-bullying Policies Deter in School Bullying Victimization?", *International Review of Law & Economics*, 50, 2017.

[22] D. Olweus, "Bully Victim Problems among Schoolchildren: Basic Facts and an Effective Intervention Program", *Journal of Endocrinology*, 51(1), 1993.

[23] D. Olweus, "Bullying at School and Later Criminality: Findings from Three Swedish Community Samples of Males", *Criminal Behaviour and Mental Health*, 21(2), 2011.

[24] D. Olweus, "Bullying at School: Prevalence Estimation, a Useful Evaluation Design, and a New National Initiative in Norway", *Association for Child Psychology and Psychiatry Occasional Paper*, 23(5-17), 2004.

[25] D. Olweus, "Stability of Aggressive Reaction Patterns in Males: A Review", *Psychological Bulletin*, 86(4), 1979.

[26] D. Robertson, et al., "Interpersonal Competence Configurations and Peer Relations in Early Elementary Classrooms: Popular and Unpopular Aggressive Sub-types", *International Journal of Behavioral Development*, 8(34), 2010.

[27] D. S. Wong, "Culturally Specific Causes of Delinquency: Implications for Juvenile Justice in Hong Kong",

Asia Pacific Journal of Social Work & Development, 9(1), 1999.

[28]D. S. Wong, "School Bullying and Tackling Strategies in Hong Kong", *International Journal of Offender Therapy & Comparative Criminology*, 48(5), 2004.

[29]D. Schwartz, et al., "The Emergence of Chronic Peer Victimization in Boys' Play Groups", *Child Development*, 64(6), 1993.

[30] D. Craig, et al., "Observations of Bullying in the Playground and in the Classroom", *School Psychology International*, 21(1), 2000.

[31]E. Heidbreder, "Special Review: Lewin's Principles of Topological Psychology", *Psychological Bulletin*, 34(8), 1937.

[32]F. J. Zimmerman, et al., "Early Cognitive Stimulation, Emotional Support, and Television Watching as Predictors of Subsequent Bullying among Grade School Children", *Archives of Pediatrics and Adolescent Medicine*, 159(4), 2005.

[33]G. Gini, et al., "Association between Bullying and Psychosomatic Problems: A Meta-analysis", *Pediatrics*, 124(3), 2009.

[34] H. Fisiloglu, "Book Review: *Bully Busters: A Teacher's Manual for Helping Bullies, Victims, and Bystanders*", *International Journal for the Advancement of Counselling*, 24(4), 2002.

[35]H. Vandebosch, "Cyberbullying among Youngsters: Profiles of Bullies and Victims", *New Media & Society*, 11(8), 2009.

[36]I. Whitney, et al., "A Survey of the Nature and Extent of Bullying in Junior/Middle and Secondary Schools", *Educational Research*, 35(1), 1991.

[37]I. Whitney, et al., "Bullying in Schools: Mainstream and Special Needs", *Support for Learning*, 7(4), 1992.

[38]J. A. Durlak, et al., "The Impact of Enhancing Students' Social and Emotional Learning: A Meta-analysis of School Based Universal Interventions", *Child Development*, 82(1), 2011.

[39]J. C. Turner, et al., "Rediscovering the Social Group: A Self-categorization Theory", *British Journal of Social Psychology*, 26(4), 1987.

[40]J. D. Unnever, "Bullies, Aggressive Victims, and Victims: Are They Distinct Groups?", *Aggressive Behavior*, 31, 2005.

[41] J. Garbarino, "An Ecological Perspective on the Effects of Violence on Children", *Journal of Community Psychology*, 29(3), 2001.

[42] J. H. Hoover, et al., "Bullying: Perceptions of Adolescent Victims in the Midwestern U. S. A.", *School Psychology International*, 13(1), 1992.

[43] J. S. Eccles, et al., "Negative Effects of Traditional Middle Schools on Students' Motivation", *The Elementary School Journal*, 93(5), 1993.

[44] J. Smith, et al., "The Effectiveness of Whole-school Anti-bullying Programs: A Synthesis of Evaluation Research", *School Psychology Review*, 33(4), 2004.

[45] J.D. Hawkins, et al., "Risk and Protective Factors for Alcohol and Other Drug Problems in Adolescence and Early Adulthood: Implications for Substance Abuse Prevention", *Psychological Bulletin*, 112(1), 1992.

[46] K. Björkqvist, et al., "Bullies and Victims: Their Ego Picture, Ideal Ego Picture and Normative Ego Picture", *Scandinavian Journal of Psychology*, 23(1), 1982.

[47] K. Bosworth, et al., "Factors Associated with Bullying Behavior in Middle School Students", *Journal of Early Adolescence*, 19 (3), 1999.

[48]K. M. Lagerspetz, et al., "Group Aggression among School Children in Three Schools", *Scandinavian Journal of Psychology*, 23(1), 1982.

[49]K. R. Williams, et al., "Prevalence and Predictors of Internet Bullying", *Journal of Adolescent Health*, 41(6), 2007.

[50]K. Rigby, et al., "Bullying among Australian School Children: Reported Behavior and Attitudes toward Victims", *Journal of Social Psychology*, 131(5), 1991.

[51]K. Rigby, et al., "Expressed Readiness of Australian Schoolchildren to Act as Bystanders in Support of Children Who Are Being Bullied", *Educational Psychology*, 26(3), 2006.

[52]K. Vasalampi, "Adolescents' Self-concordance, School Engagement, and Burnout Predict Their Educational Trajectories", *European Psychologist*, 14(4), 2009.

[53]L. Mclare, et al., "Ecological Perspectives in Health Research", *Journal of Epidemiology & Community Health*, 59(1), 2005.

[54]M. E. Solberg, et al., "Bullies and Victims at School: Are They the Same Pupils?", *British Journal of Educational Psychology*, 77(2), 2007.

[55] M. Eliot, et al., "Supportive School Climate and Student Willingness to Seek Help for Bullying and Threats of Violence", *Journal of School Psychology*, 48(1), 2010.

[56] M. Eslea, et al., "The Long-term Effectiveness of Anti-bullying Work in Primary Schools", *Educational Research*, 40(2), 1998.

[57] M. J. Boulton, et al., "Bully/Victim Problems among Middle School Children", *British Journal of Educational Psychology*, 62(1), 2011.

[58] M. J. Harris, et al., "Self-fulfilling Effects of Stigmatizing Information on Children's Social Interactions", *Journal of Personality and Social Psychology*, 63, 1992.

[59] M. Mouttapa, et al., "Social Network Predictors of Bullying and Victimization", *Adolescence*, 39(154), 2004.

[60] M. Natasha, et al., "Self-efficacy in a New Training Model for the Prevention of Bullying in Schools", *Journal of Emotional Abuse*, 2(2-3), 2001.

[61] M. Schäfer, et al., "A Comparison of Two Approaches to the Study of Negative Peer Treatment: General Victimization and Bully/Victim Problems among German School Children", *British Journal of Developmental Psychology*, 20(2), 2002.

[62]M. Ttofi, et al., "Risk and Protective Factors, Longitudinal Research, and Bullying Prevention", *New Directions for Youth Development*, 133, 2012.

[63]M. Schäfer, et al., "Bullying Roles in Changing Contexts: The Stability of Victim and Bully Roles from Primary to Secondary School", *International Journal of Behavioral Development*, 29(4), 2005.

[64]N. R. Crick, "Children's Treatment by Peers: Victims of Relational and Overt Aggression", *Development and Psychopathology*, 8(1), 1996.

[65]N. S. Bauer, et al., "The Effectiveness of the Olweus Bullying Prevention Program in Public Middle Schools: A Controlled Trial", *Journal of Adolescent Health Official Publication of the Society for Adolescent Medicine*, 40(3), 2007.

[66]P. A. Adler, et al., "Socialization to Gender Roles: Popularity among Elementary School Boys and Girls", *Sociology of Education*, 65(3), 1992.

[67]P. C. Rodkin, et al., "Who Bullies Whom? Social Status Asymmetries by Victim Gender", *International Journal of Behavioral Development*, 32(6), 2008.

[68]P. O'Connell, et al., "Peer Involvement in Bullying:

Insights and Challenges for Intervention", *Journal of Adolescence*, 22(4), 1999.

[69]P. T. Slee, et al., "The Relationship of Eysenck's Personality Factors and Self-esteem to Bully/Victim Behaviour in Australian School Boys", *Personality and Individual Differences*, 14(2), 1993.

[70]R. A. Laslett, "Childrens's Court for Bullies", *Special Education: Forward Trends*, 9 (1), 1982.

[71]R. Cairns, et al., "Friendships and Social Networks in Childhood and Adolescence: Fluidity, Reliability, and Interrelations", *Child Development*, 66(5), 1995.

[72]R. Grieve, et al., "Cyberfaking: Intentions to Fake in Online Psychological Testing", *Cyberpsychology Behavior & Social Networking*, 16(5), 2013.

[73]R. Kowalski, et al., "Electronic Bullying among Middle School Students", *Journal of Adolescent Health*, 41 (6), 2007.

[74]R. S. Atlas, et al., "Observations of Bullying in the Classroom", *Journal of Educational Research*, 92(2), 1998.

[75]R. Slonje, et al., "Cyberbullying: Another Main Type of Bullying", *Scandinavian Journal of Psychology*, 49 (2), 2008.

[76]R. Veenstra, et al., "The Role of Teachers in Bullying: The Relation between Anti-bullying Attitudes, Efficacy, and Efforts to Reduce Bullying", *Journal of Educational Psychology*, 106(4), 2014.

[77]S. C. Purkey, et al., "Effective Schools: A Review", *Elementary School Journal*, 83(4), 1983.

[78]S. Callaghan, "Self-concept and Victimization among Schoolchildren", *Personality and Individual Differences*, 18(1), 1995.

[79]S. Graham, et al., "Peer Victimization, Aggression, and Their Co-occurrence in Middle School: Pathways to Adjustment Problems", *Journal of Abnormal Child Psychology*, 34, 2006.

[80]S. Sharp, "Self-esteem, Response Style and Victimization: Possible Ways of Preventing Victimization through Parenting and School Based Training Programs", *School Psychology International*, 17(4), 1996.

[81]T. Farmer, et al., "Social Preference, Social Prominence, and Group Membership in Late Elementary School: Homophilic Concentration and Peer Affiliation Configurations", *Social Psychology of Education*, 13(1), 2010.

[82]T. Pozzoli, et al., "Active Defending and Passive Bystanding Behavior in Bullying: The Role of Personal Characteristics and Perceived Peer Pressure", *Abnormal Child Psychology*, 38(6), 2010.

[83]T. R. Nansel, et al., "Cross-national Consistency in the Relationship between Bullying Behaviors and Psycho-social Adjustment", *Archives of Pediatrics & Adolescent Medicine*, 158(8), 2004.

[84] U. Bronfenbrenner, "Toward an Experimental Ecology of Human Development", *American Psychologist*, 32 (32), 1977.

[85]V. Pöyhönen, et al., "Standing Up for the Victim, Siding with the Bully or Standing by? Bystander Responses in Bullying Situations", *Review of Social Development*, 21 (4), 2012.

[86]V. Stevens, et al., "Bullying in Flemish Schools: An Evaluation of Anti-bullying Intervention in Primary and Secondary Schools", *British Journal of Educational Psychology*, 70, 2000.

[87]Y. C. Sherer, et al., "Anti Bullying Practices in American Schools: Perspectives of School Psychologists", *Psychology in the Schools*, 47(3), 2010.

三、报告类

[1]A. King, et al., *The Health of Youth: A Cross－national Survey*, Canada: World Health Organization, 1996.

[2]B. Vossekuil, et al., *The Final Report and Findings of the Safe School Initiative: Implications for the Prevention of School Attacks in the United States*, U.S. Secret Service and U. S. Department of Education, Washington, DC, 2002.

[3]Centersfor Disease Control and Prevention, *School Connectedness: Strategies for Increasing Protective Factors among Youth*, 2009.

[4]Centersfor Disease Control and Prevention, *Youth Risk Behavior Surveillance United States Surveillance Summaries, Morbidity and Mortality Weekly Report*, 2010.

[5]C. Salmivalli, *Developmental Trends in Bullying*, The Xth European Conference on Developmental Psychology, Uppsala, Sweden, August, 2001.

[6]D. Kerr, et al., *Citizenship Education Longitudinal Study, Second Annual Report: First Longitudinal Study*, 2004.

[7]D. Olweus, *The Revised Olweus Bully/Victim Questionnaire*, Research Center for Health Promotion (Hemil Cen-

ter), University Of Bergen, Norway, 1996.

[8]F. L. Burk, *Teasing and Bullying*, Pedagogical Seminary, 1897.

[9]H. B. Karp, *A Look at Quality Circles— The 1983 Annual for Facilitators, Trainers and Consultants*, University Associates, 1983.

[10]J. G. Kosciw, et al., *The 2005 National School Climate Survey: The Experiences of Lesbian, Gay, Bisexual and Transgender Youth in Our Nation's Schools*, New York, 2006.

[11]Lord Elton, *Discipline in Schools: Report of the Committee of Enquiry Chaired*, London, 1989.

[12]MMWR, *Youth Risk Behavior Surveillance*, Surveillance Summaries, 2016.

[13]M. B. Synnestvedt, et al., *Citespace II: Visualization and Knowledge Discovery in Bibliographic Databases*, Annual Symposium Proceedings, 2005.

[14]National School Climate Council, *The School Climate Challenge: Narrowing the Gap between School Climate Research and School Climate Policy*, Practice Guidelines and Teacher Education Policy, 2007.

[15]National Resource Center on Domestic Violence, *Ex-*

pect Respect: A School-based Program Promoting Safe and Healthy Relationships for Youth, Safeplace: Domestic Violence and Sexual Assault Survival Center, Austin, Tx, 2002.

[16] OECD, *Creating Effective Teaching and Learning Environment: First Results of Teaching and Learning International Survey*, Talis, 2009.

[17] P. K. Smith, et al., *An Investigation into Cyberbullying, Its Forms, Awareness and Impact, and the Relationship between Age and Gender in Cyberbullying*, Research Brief No. Rbx03-06, DFES, London, 2006.

[18] P. VanOost, et al., *Helping Schools to Tackle Bullying, the Effect of Support for Primary and Secondary Schools on the Way They Implement Bullying Intervention Programmes*, International Conference on Conflict and Development in Adolescence, Ghent, Belgium, 1995.

[19] S. P. Limber, *Addressing Youth Bullying Behaviors*, Educational Forum on Adolescent Health, Chicago, 2002.

[20] South Africa Medical Research Council, *National Health Promotion Research and Development Group*, The 1st South African National Youth Risk Behaviour Survey, 2003.

[21] The Councilof the Statistical Society of London, *Fourth Annual Report*, *Journal of the Statistical Society of*

London, 1838.

[22]U.S. Departments of Education and Justice, *Annual Report on School Safety Washington, DC: U.S. Department of Education*, Education Publications Center, 1999.